Schirner
Verlag

Susanne Hühn

Raum
für deine
innere
Frau

Deine innere Schale
oder der Schlüssel
zum weiblichen Selbst

Schirner
Verlag

ISBN 978-3-8434-1333-6

Susanne Hühn:
Raum für deine innere Frau
Deine innere Schale
oder der Schlüssel
zum weiblichen Selbst
© 2018 Schirner Verlag,
Darmstadt

Umschlag: Murat Karaçay,
Schirner, unter Verwendung
von #52991404 (© pashabo),
www.shutterstock.com
Layout: Claudia Simon, Schirner,
nach Vorlage von Elena Lebsack,
Schirner, unter Verwendung von
Bildern von www.shutterstock.com
(siehe Bildnachweis)
Lektorat: Claudia Simon, Schirner
Printed by: Ren Medien GmbH,
Germany

www.schirner.com

1. Auflage Januar 2018

Inhalt

FÜR MEINE

Mutter

Vorwort

Liebe Leserin, was hältst du eigentlich wirklich vom Frausein? Also mich nervt es oft. Augenbrauen zupfen, Haare färben oder auch nicht und eine einigermaßen schöne Frisur haben. Den Körper in Form halten. Darauf achten, dass die körperlichen Vorzüge irgendwie betont werden, und alleine schon die Idee, dass es überhaupt positive und negative körperliche Attribute geben könnte, aushalten. All das Bauchweh, diese Tage, an denen du dich wie gerädert fühlst, das Blut, die Sorge, du könntest etwas verschmutzen. Als Frau darfst du viele Bedürfnisse gar nicht erst haben, geschweige denn darüber reden, und wenn, dann nach dem Motto: Angriff ist die beste Verteidigung. »Doch, ich pupse nun mal, und es riecht nicht nach Einhornglitzer« – welche Frau sagt so etwas, ohne es ironisch oder betont forsch zu meinen? Ich bestimmt nicht. Es fällt mir schon schwer, diesen Satz zu schreiben. Und das alles, obwohl ich weiß, dass ich ein wundervolles spirituelles Wesen bin.

Was für eine Zumutung, äh, ich meine natürlich Erfahrung sollen diese albernen Probleme denn bitte für meine Seele sein? Viele Frauen erleben das Frausein, vor allem das physische Frausein, als sehr beschämend. Auch das emotionale Frausein wird abgewertet: »Sei nicht so empfindlich« ist der Satz, der oft fällt. Als Frau musst du schöne Fingernägel haben und so weiter und so weiter. Mich nervt das immer dann, wenn ich ganz mit mir alleine bin. Auf der anderen Seite macht es mir Spaß, mich zu schminken, mir die Haare zu machen und zu überlegen, was ich anziehe.

Bin ich dann schön angezogen, verachte ich die Männer, die gucken, denn ich weiß ganz genau, hätte ich die Haare zusammengewurschtelt und trüge ich meine Stallklamotten, würden sie mich keines Blickes würdigen – sie meinen also nicht mich. Gucken sie nicht, dann passt mir das natürlich auch nicht. Ist das nicht total verrückt und oberflächlich? Manchmal habe ich das Gefühl, ich bin gar keine richtige Frau. Ich kann mich noch nicht einmal richtig schminken, mit Smokey Eyes und so. Ich habe es gelernt, aber ich komme mir dabei angemalt und doof vor. Ich würde es gerne tun, das ist das Verrückte, aber ich schäme mich, wenn ich mich zu sehr zurechtmache, obwohl ich es ab und zu toll finde – als dürfe ich mich nicht zeigen. Dabei hat sogar Aschenputtel kein Problem damit, auf dem Ball zu glitzern und zu strahlen, woher auch immer sie ihr Selbstbewusstsein nimmt. Es gibt also auch eine Schönheitskomfortzone, die man weder nach unten noch nach oben so einfach verlassen kann.

Ich bekomme sehr oft Anfragen von Frauen, die sagen, sie würden gerne in meine Frauenkurse kommen, fühlen sich aber nicht als zugehörig, weil sie keine »richtigen« Frauen seien. Ich kenne so gut wie keine Frau, die sich wirklich weiblich fühlt und ihr Frausein ausdrücken und für sich selbst definieren kann.

Meine Freundin Lilia, die das Buch »Manifest der Kriegerin des Herzens«[*] geschrieben hat, kann es, doch auch sie fühlt diese Zerrissenheit:

»Ich habe definitiv in meiner Wahrnehmung zwei verschiedene Frauen, die sich mir in vielen verschiedenen Abstufungen präsentieren. Die eine ist unsicher in Bezug auf sich selbst, voller Scham und Schuld, sie fühlt sich nicht wohl in ihrer Haut, findet sich nicht schön und erst recht nicht weiblich. Sie schämt sich wegen ihres zu großen Busens, zu dicken Bauches, überhaupt wäre sie viel lieber ganz schlank und ohne die hässliche Narbe, die entstand, als sie damals ihr viertes Kind durch Kaiserschnitt entbinden musste. Diese Frau in mir fühlt sich wertlos, dumm, und sie vergleicht sich ständig mit anderen Frauen, die natürlich alle viel schöner, intelligenter und erfolgreicher sind als sie. Sie fühlt sich ganz klein und ungesehen und überhaupt nicht mit ihrer Quelle verbunden. Ja, sie fühlt sich abgeschnitten von allem, sogar von sich selbst. So vermag sie es nicht, sich gut zu fühlen, im Sinne von sich selbst wahrnehmen, und sie weiß auch nicht, was wirklich gut für sie ist. Auch mit Grenzen hat sie ein Thema. Manchmal möchte sie einfach sterben und verschwinden, unerkannt, ungesehen. Dieser Teil von mir ist mal ganz wenig und mal mehr da, und selten nimmt er überhand, aber wenn, dann geht wirklich gar nichts mehr. Es ist wie eine innere Verachtung meiner weiblichen Art. Und wenn ich das schreibe, tut mir das weh, da ist ein großer ferner Schmerz.

Die zweite Frau in mir ist blühend. Sie weiß genau um ihren Wert und findet sich schön, attraktiv und sexy. Sie weiß um ihre reizvollen Formen und ihre weibliche Kraft. Sie fließt in ihrer weiblichen Art mit dem Leben und gebärt alles Mögliche ins Leben. Sie ist strahlend,

---

[*] Lilia Christina Martiny: Manifest der Kriegerin des Herzens. Botschaften aus dem Herzen Liliths. Schirner Verlag 2016.

sanft, kraftvoll, verführerisch, erfolgreich und trägt unendliche Gaben
in sich, die sie auch lebt und zeigt. Sie
hütet ihr weibliches Feuer und ist gerne
und mit Hingabe Frau. Sie weiß, dass
sie damit die Welt ein wenig heilt. Sie
ist selbstsicher, spürt sich gut und leistet
ihren individuellen Beitrag. Sie ist bei sich
und fühlt auch die anderen. Sie ist sehr klug
und vertraut ihrer weiblichen Intuition bedingungslos. Sie liebt es, mit anderen in

Kontakt zu sein, tiefer zu gehen und Dinge auszuprobieren. Sie wagt
sehr, sehr viel. Ihre Herzenskraft ist unendlich groß, und ihre Liebe
ist wundervoll. Sie liebt jede Rundung ihres Körpers, jede Narbe, weil
alles seine Geschichte erzählt. Wie sollte sie das auch nicht lieben, es
ist ja ein Teil von ihr. Deshalb strahlt alles so sehr durch ihr Frausein.
Weil sie bei sich angekommen ist und immer tiefer geht.

Diese beiden Frauen in mir tanzen einen Tanz miteinander, manchmal führt die eine, manchmal die andere. Manchmal verschmelzen
sie. Gott sei Dank ist mit zunehmendem Alter die erste Frau leiser
und stiller geworden. Die andere ist viel mehr präsent. Die Liebende
in mir nimmt mehr und mehr Raum ein, und ich weiß vom Verstand
her, dass die erste Frau nicht wirklich wahr ist, sondern ein Produkt
vieler Einflüsterungen. Den Einflüsterungen meiner Erfahrungen,
meiner Kindheit, meiner vorherigen Leben etc.

Die Liebende in mir ist gewachsen, auch aus Erfahrungen heraus.
Ich liebe sie sehr, sie ist so wirklich und … ach, sie ist einfach alles!
Sie wird immer größer und stärker, und doch ist die andere auch
ein Teil von mir. Oft empfinde ich diesen Teil wie ein kleines Kind,
das ich einfach lächelnd in den Arm nehme. Aber es gelingt mir

nicht immer. Ich kann aber immer gelassener mit ihr umgehen. Nur manchmal überfällt sie mich, und dann geht es mir elend.«

Kann man Frausein vielleicht nicht in Worte fassen? So einfach kann ich es mir nicht machen, denn ich bin Schriftstellerin. Ich erlebe sehr wohl, dass man es in Worte fassen kann. Es ist die innere romantische Märchenprinzessin, die sich gerne immer ein wenig verschleiert und mystisch bleibt und die sich nicht greifen lassen will, nicht die innere Frau.

Ich glaube, das ist sehr symptomatisch. Aus dem Frauenbild ist ein riesiger Mythos geworden, dem keine Frau zu entsprechen glaubt, solange sie zu Hause ausgelatschte Hausschuhe statt High Heels trägt, Fernsehserien schaut, statt Rituale zu machen, die Pizza für ihre Kinder holt, statt grüne Smoothies zuzubereiten, oder die manchmal keine Lust auf Sex hat, statt die Stellungen auszuprobieren, die diverse Frauenzeitschriften oder das Kamasutra von ihr verlangen, je nachdem, welchem überhöhten Bild sie anhängig ist. Auch andersherum: Wenn du lieber in den Wald gehst und trommelst, statt zu kochen, wenn du Tantra liebst, statt dein Haus zu putzen, stimmt irgendwas nicht. Es gibt überall nur Hochglanzfrauen, egal, wohin du schaust, und egal, wofür sie jeweils stehen. Hast du keinen Mann, bist du keine richtige Frau. Hast du keine Kinder, auch nicht. Hast du Kinder, hütest du sie und machst keine Karriere, ich befürchte, auch nicht so richtig. Machst du Karriere und kümmerst dich um den Haushalt, ebenfalls nicht. Zumindest bist du dann wegen der Doppelbelastung keine echte emanzipierte Frau. Richtig Schluss ist mit Frausein, wenn du deine Gebärmutter hergeben musst. Du kannst machen, was du willst, du reichst nicht an das Ideal heran – das allerdings keiner zu definieren wagt. Du spürst nur irgendwie, dass du nicht das erfüllst, was Frausein bedeutet.

Wenn du dich auch so erlebst, dann tue mir einen Gefallen. Schaue einmal an dir herunter. Gibt es Brüste im Herzbereich? Hast du eine Vagina? Dann lehne ich mich einmal gefährlich weit aus dem Fenster und behaupte: Doch, doch, du bist eine Frau. Ich glaube ganz fest daran.

Was will ich dir mit diesem Buch vermitteln? Wie es sich wirklich anfühlt, weiblich zu sein, wie es sich anfühlt, ganz und gar du selbst zu sein, du selbst als Frau. Warum will ich das? Weil ich es nämlich doch sehr liebe, eine Frau zu sein. Es ist eine ganz besondere Qualität, nicht besser oder schlechter als das Mannsein, einfach ganz besonders. Ich hoffe übrigens sehr, dass auch alle Männer es toll finden, männlich zu sein! Ich mag Männer, die ihre Männlichkeit lieben, und ich mag Frauen, die ihr Frausein zelebrieren. Was heißt das aber? Nagelstudio, lange Haare, beweglich und schlank, aber kurvig, erfolgreich im Beruf, dennoch mitfühlend und mütterlich? Bäh. Natürlich nicht. Was aber dann? Ganz einfach:

Frausein heißt, dass du durch deine bewusste Anwesenheit den Raum hütest und nährst, in dem sich das befindet, womit du dich bewusst befruchten ließest. Nicht, indem du etwas tust. Sondern indem du bewusst da bist. Spürst du, wie sich augenblicklich etwas in dir entspannt, wenn du das liest?

Und was heißt Mannsein? Auch ganz einfach:

Du befruchtest durch deine Tatkraft die Welt mit dir selbst. Über das, was du im Außen erschaffst, spürst du dich, bekommst einen Spiegel für dich selbst. Deshalb entscheidest du klugerweise sehr sorgfältig, was du befruchtest.

Welche Räume sind das, und wie nutzen wir Frauen die männliche
Seite in uns? Darüber reden wir. Aber nicht nur über das. Wir vollziehen Rituale, wir erschaffen neue Räume, schließen die, die wir nicht
mehr brauchen. Wir. Du und ich. Wir Frauen hüten das Leben, wir
erlauben, uns von Ideen, Impulsen und Wahrnehmungen schwängern zu lassen. Wir nähren das, was wir in uns aufnehmen, mit unserer Aufmerksamkeit, unser Achtsamkeit, unserem Fühlen, und wir
gebären es, wenn es herangereift ist. Ob es eine Idee ist, die geboren
werden will, ob du einen Partner suchst, damit du sein Feuer hüten
und nähren kannst, ob du dich selbst spüren, mit dir selbst schwanger werden möchtest oder ob du sogar ein ungeliebtes »Kind«, sprich

ein Projekt, dem du nicht aus ganzem Herzen zugestimmt hast, loswerden willst, das du in dir nährst, weil du dich von den Ideen und Ansprüchen anderer hast schwängern lassen – jede Frau steht in ihrem Frausein an einem anderen Punkt.

Doch eines verbindet uns alle: das geheime Wissen
um unsere Aufgabe, unsere Kraft.

Lerne, dir zuzuhören, lerne die Wahrheit deiner inneren Frau kennen, ihre Sehnsüchte, ihren ureigenen authentischen Selbstausdruck. Es ist so schön, dass du hier bist, liebe Freundin, liebe Schwester. Die Welt braucht uns.

Einführung

Ihr lieben Frauen, sehr oft höre ich von meinen Seminarteilnehmerinnen diese Sätze: »Ich lebe vor allem meine männliche Seite, ich muss immer funktionieren. Ich weiß gar nicht, wie sich mein Frausein anfühlt.« Ich sage dann: »Das ist nicht deine männliche Seite, die du da lebst, das ist einfach nur Funktionieren ohne alles. Sonst wäre es freudvoll und lebendig. Das, was wir im Alltag als männlich wahrnehmen, hat mit wahrer Männlichkeit nichts zu tun. Auch bei Männern nicht.« Das ist eine gute Nachricht! Es bedeutet, dass wir einen ganz neuen Blick auf die Rollen werfen dürfen, die wir leben. Vielleicht dürfen wir sogar etwas Neues erforschen oder etwas

Uraltes für uns wiederentdecken. Denn die Schamanen zum Beispiel wissen um die ursprüngliche männliche und weibliche Kraft.

Was ist denn eigentlich Frausein? Und wie lebt sich das im Alltag, besonders, wenn man seine spirituelle Kraft verwirklichen möchte und nicht einfach nur die alten Klischees mit neuem Gesicht auf-

leben lassen will? Spirituelles Frausein bedeutet: Du bist dir darüber bewusst, dass du das nährst, was du berührst. Mit deiner Liebe, deiner inspirierenden Strahlkraft, deiner Seelenkraft, deinem Mitgefühl, deiner Fürsorge. Aber natürlich auch mit deinem männlichen Anteil: dem Feuer der Tatkraft, deinem aktiven Einsatz. Das kannst du nur, wenn du bei denen, die du mit deiner Liebe und deiner so kostbaren Aufmerksamkeit versorgst, selbst oft genug an erster Stelle stehst. Weiblichkeit zu leben, bedeutet außerdem, für alles, was du nähren möchtest, bewusste energetische und, wenn nötig, physische Räume zu erschaffen. Denn Frauen sind, so sagen es die Schamanen, Raum-wesen. Sie spüren sich über den Raum, den sie hüten, innen und außen. Einen Raum zu hüten und alles, was darin ist, zu nähren, das ist die weibliche Aufgabe, wie immer sie sich dann im Außen darstellt.

Heißt das, du musst zurück an den Herd? Selbstverständlich nicht. Du kannst genauso gut einen Konzern leiten oder/und fünf Kinder großziehen oder einfach nur in einer Einzimmerwohnung leben und dich mit minimalem Aufwand unterhalten. Du kannst eine Beziehung mit einem Mann führen oder mit dreien, du kannst Frauen lieben und/oder Männer oder Tiere oder gar niemanden. Doch egal, was du tust, deine Weiblichkeit spürst du über den Raum, den du bewusst gestaltest – und sei es der energetische Raum, in dem sich deine fünftausend Mitarbeiter oder Angestellten und deine Produkte bewegen!

Noch einmal: Du kannst machen, was du willst und wie du es willst. Mir geht es darum, dir zu zeigen, wie du dich selbst als Frau erleben kannst, wie du dich selbst besser spürst, nicht darum, welche Rollen du einnimmst.

Als Frau, die ihre wahre Kraft leben will, darfst, aber musst du dir auch selbst deine Lebensräume erschaffen.

Die Fragen, vor denen wir stehen, sind: Wie kann ich mich als Frau wahr- und ernst nehmen? Wie kann ich das, was ich in mir spüre und hüten will, nach außen bringen, auch dann, wenn es zum Beispiel Auszeiten sind? Oder wenn es sonst keiner macht? Wenn es sehr viel Schutz braucht, weil es sehr empfindsam ist? Wenn es keiner hören will?

Wie kann ich mir für all das, was ich leben will, und vor allem für mein gutes Gefühl für mich selbst Räume erschaffen?

Die Welt braucht ganz bestimmt mehr Räume für Glück, für Frieden, für gesunden Wohlstand, für Gesundheit und für Zärtlichkeit. Es ist die Aufgabe der Frauen, diese Räume zu erschaffen – die der Männer, sie zu schützen. Einer muss anfangen, und das sind wir. Denn wenn wir diese Räume nicht schaffen, gibt es auch nichts zu beschützen.

Wie man sich selbst auf unvernünftige und dysfunktionale Weise Raum verschafft, habe ich gerade gestern praktiziert. Ich war ziemlich müde, hatte am Tag zuvor einige Artikel geschrieben, im Garten und im Stall gearbeitet, abends ein Fotoshooting gehabt und dann noch mit Freunden im Garten gegrillt – alles wundervolle Ereignisse, doch in der Summe etwas zu viel, manchmal ist es eben so. Gestern wollte ich unbedingt dieses Buch beginnen, und ich habe mich selbst ein wenig unter Druck gesetzt. Doch es gab noch etwas im Garten zu tun, also ging ich einkaufen, weil ich Gartenerde brauchte. Ich wollte Lavendel pflanzen, er stand in Töpfen bereit. Ich war müde, benötigte in Wahrheit eine Pause, hatte auch Sorge, dass mir nicht genug einfallen würde, um dieses Buch zu schreiben, obwohl

ich mich schon lange darauf freute, damit zu beginnen. Wie gesagt: Ich zweifle manchmal selbst daran, eine richtige Frau zu sein, das gehört offensichtlich zum Frausein dazu. Doch da war dieser Lavendel, der in die Erde, in seinen Raum, wollte. Statt mich für eine Stunde hinzulegen, ging ich also Erde kaufen, nun ja. Kann man machen, auch wenn es nicht hilfreich ist. Für den Lavendel schon, immerhin. Das fühlte sich auch gut an, doch das war nicht alles. Anstatt mir selbst auch Raum zu geben und mir zu versprechen, mich zu Hause sofort auszuruhen, griff ich ins Süßigkeitenregal des Supermarktes und stopfte mir 250 Kalorien in den Bauch, die ich wirklich nicht brauchte. Das muss man sich einmal vorstellen. Ich wollte ein Buch darüber schreiben, wie man als Frau gut für sich sorgt, und aß Zucker, statt zu schlafen. Ich sorgte für den Lavendel, verschaffte ihm Raum, doch mir selbst nicht. Genau das spiegelt die Art wider, wie wir Frauen uns in dieser und in fast allen anderen Gesellschaften durchmogeln. Wir sorgen schon irgendwie für uns. Wir spüren uns. Doch wir erschaffen uns noch keine Räume, in denen wir sein können, wer wir sind, weil wir nicht wissen, wie. Und deshalb hüten und nähren wir sie auch nicht richtig, diese Räume, nicht so, wie sie es brauchen. Deine weibliche Kraft kommt schlichtweg nicht frei zur Entfaltung, wenn du keinen Raum dafür hast.

Es wird in diesem Buch also darum gehen, der eigenen weiblichen Kraft Raum zu verschaffen. Und zwar so, wie sie das möchte, nicht in ständigen Ersatzhandlungen. Lasse uns das gemeinsam erkunden. Ich gebe dir in diesem Buch immer wieder Platz, dich auszudrücken, etwas zu schreiben, zu malen – lasse dieses Buch zum vielleicht ersten Raum werden, in dem du deine Weiblichkeit frei entfalten darfst.

Das Symbol der Weiblichkeit ist ganz einfach, einigen wir uns darauf, wenn das für dich stimmig ist: Es ist eine Schale.

Das Weibliche will endlich auf der Erde wirken, ungehindert und frei. Das wahre Weibliche, nicht das verzerrte, angepasste Weibchenverhalten, das nur vertuschen will, dass das wirklich Weibliche gar nicht da ist. Und weißt du was, liebe Leserin? Genau das ist es, was Männer brauchen, damit auch das Männliche heilen kann. Da bin ich mir ganz sicher.

Was ist denn überhaupt dieser weibliche Raum, was meine ich damit? Schauen wir genauer hin. Stelle dir einmal vor, du hättest in dir eine große Schale. In dieser Schale nimmst du alles auf, was dir wichtig ist, womit du dich befassen willst. Wenn etwas in deiner Schale liegt, dann bekommt es automatisch Energie in Form von Aufmerksamkeit. Die Schale versorgt es mit Bewusstsein, mit Kraft, das ist ihre Natur. Ein bisschen ist es so, als würdest du Samen in fruchtbare Erde legen. Die Erde gibt ihnen Halt und Kraft zu wachsen, sie kann nicht anders.

Die Schale hat viele Facetten, viele Zustände. Du hütest sehr viele verschiedene Räume in ihr. Stelle dir einfach vor, die Schale, mit der du deine eigenen Wünsche und Träume nährst, sieht ganz anders aus als die Schale, die deinem Muttersein dient, und diese ist wiederum völlig anders als die, mit der du das Feuer deines Mannes hütest. Doch sie alle sind deine und liegen im Schoßraum, im Becken. Wir werden uns in diesem Buch die verschiedenen Schalen und damit die Räume, die du hütest, genau anschauen und sie nähren und stärken. Außerdem wirst du lernen zu entscheiden, in welcher deiner Schalen du etwas hütest – sonst findest du das Feuer deines Mannes auf einmal in der Schale deiner inneren Mutter, weil sie aus Gewohnheit jedes Mal »Hier!« ruft, wenn es etwas zu hüten gibt – und wer will das schon?

In der Schale mit ihren vielen verschiedenen Dimensionen nährst du alles, was du in dich aufnimmst, womit du, um es einmal so auszudrücken, schwanger gehst. Diese vielschichtige Schale ist ganz tief unten in deinem Bauch, stellvertretend für die Gebärmutter. Gleichgültig, ob du dieses Organ noch hast oder nicht, diese weibliche Schale trägst du auf jeden Fall in dir. Möglicherweise ist sie verletzt oder angefüllt mit allem möglichen Krimskrams, den du hütest, weil du gar nicht merkst, was sich da alles in dir angesammelt hat. Denn, und das ist fatal, du hütest auch das, was du unbewusst und gegen deinen Willen in dich aufgenommen hast, das, was du dir hast aufdrücken lassen, womit du dich beschäftigst, obwohl du gar keine Lust dazu hast. Einige der Schalen sind vielleicht völlig intakt, doch andere sind zerbrochen oder mit altem Kram gefüllt – es kann also sehr gut sein, dass einige Lebensbereiche wunderbar laufen, doch in anderen hast du einfach keine Kraft und keinen Raum.

Ich bitte dich, lasse dich nicht von all den Schalen verwirren. Manchmal schreibe ich »die Schale«, dann wieder »die Schalen«, was will ich nur von dir? Ganz einfach: Nutze als inneres Bild einfach eine einzige Schale. Doch immer dann, wenn du dir bestimmte Lebensbereiche gesondert anschauen willst, stellst du dir vor, es gäbe für diesen Lebensbereich eine spezielle Schale.

Die innere Mutter ist vielleicht total strapaziert, und in ihrer Schale sitzen all die Inneren Kinder derer, die sie hütet, obwohl sie das gar nicht sollte und muss. Sie nährt und nährt und fühlt sich ständig verantwortlich und irgendwie schuldig. Dafür ist die Schale deiner Selbstliebe und Selbstfürsorge alt und zerbrochen, weil du gelernt hast, dass es egoistisch ist, sich um sich selbst zu kümmern. Die Schale, in der du das Feuer eines Mannes hüten könntest, ist voller Asche, vielleicht liegt sogar ein uralter Ring darin, der ein gebrochenes Heiratsversprechen symbolisiert. Es ist schlichtweg einfacher, wenn wir verschiedene Schalen nutzen, damit du verstehst: Es kann in einigen Bereichen durchaus wunderbar laufen, dafür in anderen gar nicht – weil du jeden Lebensbereich unterschiedlich nähren und hüten musst, damit es läuft. Das ergibt wirklich Sinn, das wirst du merken, wenn wir uns die verschiedenen Schalen anschauen. Diese wissen das nämlich. Sie hüten dein genutztes, aber erst recht dein ungenutztes weibliches Wissen. Es ist ja nur ein Bild. Wenn für dich ein anderes besser funktioniert, dann nutze gerne dieses!

Ein ganz einfaches Beispiel dafür, wie das mit der Schale funktioniert: Eine Freundin kommt zu dir und erzählt dir etwas, bittet dich um deine Meinung. Du hörst ihr zu und nimmst dadurch ihr Thema in dich auf. Das ist die Qualität des Yin, des In-sich-Aufnehmens, der Hingabe an das, was ist, die Kraft des Sich-befruchten-Lassens.

Schnell einmal dazwischengefragt: Warum ist das eine Kraft? Stelle dir das Gegenteil vor: Du nimmst nichts in dich auf, gar nichts. Alles prallt an dir ab, du erlaubst nichts und niemandem, dich zu befruchten, weder guten Ideen noch deiner eigenen Intuition noch einem Kompliment oder sonst etwas. Verstehst du nun, dass es eine Kraft ist, etwas in sich einzulassen? Manchmal hast du vielleicht zu viel davon. Wie man bewusst entscheidet, was man in sich aufnimmt und was nicht, darüber reden wir noch.

Zurück zur Freundin. Du lässt dich von ihrer Angelegenheit schwängern, du beginnst, indem du ihr zuhörst und ihre Sorgen oder ihr Thema dadurch in dich aufnimmst, sie mit deiner Aufmerksamkeit zu nähren. Du nährst aber nicht nur deine Freundin, sondern auch ihr Thema mit allem, was damit zusammenhängt! Stelle dir einfach vor, es würden drei oder vier Perlen, bestehend aus den emotionalen und mentalen Informationen, die sie dir gibt, in deine Freundinnenschale hineinkullern.

Was passiert jetzt? Deine innere Schale nimmt sich dieser Perlen an. Du hast, ob du willst oder nicht und ob du es bemerkst oder nicht, ein Bauchgefühl zu dieser Angelegenheit. Deine innere Schale waltet ihres Amtes und nährt, versorgt, nimmt wahr.

Warum tut sie das? Noch einmal: Du kannst sie energetisch mit deiner Gebärmutter gleichsetzen. Und was tut eine Gebärmutter? Sie gibt einer Seele Raum, sich zum Menschen zu entfalten. Sie ist wie ein Zauberkessel, in dem sich das Wunder, die Alchemie der Menschwerdung, entfaltet, in dem einer Seele der lange Weg einer Inkarnation ermöglicht wird. Wenn die Gebärmutter spürt, dass Körperschwingung und Seelenschwingung des Kindes nicht übereinstimmen, dann führt das zu einer Fehlgeburt oder du wirst erst gar nicht schwanger. Sie spürt also sehr genau, ob etwas, was zur Erde kommen möchte, ob ein Geschäft, eine Beziehung oder eine Seele, zu diesem Zeitpunkt auf der Erde mit all ihren physikalischen Gesetzen, ihren Anforderungen und ihrer Struktur lebensfähig sein wird oder nicht. Die Gebärmutter steht zu einhundert Prozent im

Dienst des Lebens, nicht im Dienst deiner Wünsche, sie dient den Kräften, die zur Erde kommen wollen, nicht dir. Und so ist es auch mit deiner inneren Schale. Sie dient unbestechlich dem, was durch dich geboren werden will. Sie ist deine energetische Gebärmutter für alles, was durch dich das Licht der Welt erblicken möchte.

Was heißt »hüten und nähren« eigentlich? Du denkst über etwas nach. Du fühlst bewusst oder unbewusst, was dein Bauch zu einer Sache sagt. Du schenkst einer Angelegenheit Aufmerksamkeit, du überlegst dir Lösungen, du spendest, zumindest im Stillen, Mitgefühl. Du pflegst es mit liebevollen Gedanken, aber auch mit Taten. Du berührst es mit deinem Bewusstsein. Immer dann, wenn du dich innerlich und äußerlich mit einer Sache auf positive Weise beschäftigst, nährst du es. Was heißt das?

- Du erlaubst dir, das, was du wirklich in Bezug auf eine Angelegenheit fühlst, zu spüren, auch wenn es dir nicht gefällt.

- Du erlaubst der Angelegenheit, sich so zu zeigen, wie sie nun einmal ist, und bürdest ihr nicht deine eigenen Wunschvorstellungen auf.

- Du bist ehrlich in Bezug auf deine Reaktionen: Willst du dich wirklich mit dem, was du in dich aufgenommen hast, befassen oder nicht?

- Du teilst denen, die von dieser Sache mitbetroffen sind, ehrlich und aufrichtig mit, was du in dir fühlst, auch wenn es dir und den anderen nicht gefällt.

- Du machst dir die Mühe, immer wieder sorgfältig zu überprüfen, was dein Bauchgefühl, diese innere Schale, wirklich sagt, statt deinen Ängsten, besonders denen des Inneren Kindes, Ausdruck zu verleihen.

- Du erfüllst bereitwillig die Bedürfnisse, die mit dieser Angelegenheit einhergehen, zum Beispiel: gute Erde für den Lavendel besorgen und ihn einpflanzen, ihn gießen, ihm einen guten Raum geben, in dem er gedeihen kann. Dein Feuer, deine Tatkraft, dient dem, was du hütest.

Was immer dein »Lavendel« ist, spielt überhaupt keine Rolle. Das Prinzip des bewussten In-sich-Aufnehmens, des Raumgebens, des Hütens und Nährens ist immer das Gleiche, wenn du deine Weiblichkeit spüren willst.

Wenn du den Raum nicht bewusst gibst, dann gibst du ihn als Frau unbewusst allem, was du in dich aufgenommen hast. Du hütest und nährst, was sich darin befindet, es beschäftigt dich, und du kümmerst dich darum, auch wenn du das gar nicht willst. Und deshalb spürst du dich selbst auch nicht in deinem Raum. Verstehst du das?

Es ist also von immenser Bedeutung, dass du lernst, bewusst zu entscheiden, was du in dich aufnimmst und was nicht, denn das weibliche Prinzip ist zwar das der Hingabe – aber nicht an alles und jeden!

Ein Beispiel:

Deine Freundin erzählt dir, dass sie sich selbstständig machen will, sie hat eine gute Idee, ein solides Finanzierungskonzept und ist vernünftig genug, um zu glauben, dass Träume dazu da sind, verwirklicht zu werden. Die Perlen kullern in deine Schale, und du denkst über das nach, was sie erzählt, fühlst es in dir, bewegst es in dir.

Was aber, wenn du gar keinen freien inneren Raum für diese Perlen hast? Wenn du selbst mit etwas sehr beschäftigt bist? Wenn du einfach deine Ruhe brauchst oder in dir bereits so viele Perlen herumkullern, dass kein Platz mehr für eine weitere Angelegenheit ist, die du nährst, auch wenn du es gar nicht bewusst mitbekommst?

Was ist, wenn deine Freundin nicht nur von ihrem Traum erzählt, sondern auch von den Schwierigkeiten mit dem Vermieter des kleinen Lädchens, das sie sich wünscht? Was, wenn also zusammen mit den Perlen ihrer Träume auch einige scharfkantige, schwere Steine in deine Schale hineinkrachen? Was, wenn deine Schale so voll ist von all dem, was du in dich aufnimmst, weil du nett sein willst, dass du dich genervt abwenden musst, weil du sonst zu schreien anfängst? Natürlich zeigst du ihr das nicht, und du spaltest dich noch ein bisschen weiter von dir und deiner schmerzhaft überfüllten Schale ab. Ich kann nicht mehr, denkst du, aber mehr auch nicht. Dann hörst du weiter zu, du bist ja eine gute Freundin.

Was ist in diesem Falle passiert? Du hast dich zur Leihmutter gemacht, unbewusst und gegen deinen Willen. Du hast nicht in dich hineingespürt, deine Schale überprüft und dich gefragt, ob du überhaupt Raum in dir hast. Du bist eine Frau. Was du in dich aufnimmst, das nährst du, ob du willst oder nicht. Sei daher sehr aufmerksam und achtsam, und erlaube dir, in dir nachzufragen. Denn sonst nährst du auch die Perlen deiner Freundin, aber mit dem emotionalen Groll deines Inneren, das sich nicht gesehen fühlt.

Kannst du also nicht mehr für deine Freundin da sein? Doch, aber anders. Du kannst ihr nämlich auch einfach als Zeuge zuhören, Raum schaffen, ohne ihre Perlen in dich aufzunehmen – sage deiner Freundin vorher: »Ich bin gerne dein Zeuge, aber ich kann mich im Moment nicht damit befassen. Ich gebe dir sehr gerne Raum, damit du dich selbst darin spüren kannst.«

Bestehe darauf, dass du gefragt wirst, ob du zuhören möchtest, bevor dir jemand etwas erzählt. Bestehe zumindest darauf, dass du dich selbst fragst, ob du gerade zuhören möchtest, und halte dich an das, was deine Schale sagt. Denn du brauchst Platz für dich, für deine Träume, deine Impulse – und für das Feuer des Mannes, den du liebst, damit du es in dir hüten kannst. Was ich damit meine und wie man das macht, darüber reden wir noch ausführlich. Und auch darüber: Wie sorgst du dafür, dass du selbst mit all dem, was du dir erträumst, genug Platz in deiner eigenen Schale hast? Wie sorgst du dafür, dass du dich in ihrer nährenden Kraft ausruhen kannst, dass du Zeit mit dir verbringst?

Wie man als Frau mit dieser Schale vielleicht die Welt, auf jeden Fall aber sich selbst retten kann, das erkunden wir gemeinsam. Denn was wäre, wenn genau das unsere Aufgabe ist? Und zugleich unsere gemeinsame tiefste Sehnsucht?

Ich bitte dich, nutze das Buch. Klebe Bilder hinein. Schreibe an den Rand. Es bietet Platz für dich. Lasse uns mit diesem Buch, das du in den Händen hältst und das dir gehört, einen gemeinsamen einzigartigen weiblichen Raum erschaffen. Mein Anteil an unserem gemeinsamen Raum entsteht gerade. Ich verspreche dir, ich gebe mein Allerbestes und bin vollkommen ehrlich dir gegenüber – sonst könnte dieser besondere Raum nicht entstehen, und das würdest du spüren. Er muss nicht immer harmonisch sein, dieser Raum. Vielleicht widersprichst du mir energisch, vielleicht stimmt einiges für dich gar nicht. Dann streiche es durch! Sorge für den Raum, er soll für dich passen. Wir werden schon eine ausreichend große Schnittmenge erzeugen. Und selbst wenn nicht: Wir erzeugen gemeinsam Bewusstsein, indem wir uns um das gleiche Thema kümmern, es in uns aufnehmen, es nähren, durchdenken, durchfühlen und durchleben. Das genügt vollkommen, um mehr geht es nicht.
Weißt du, allein weil du das hier liest, nährst du den kollektiven weiblichen Raum bereits. Denn du nimmst es in dich auf und schenkst mir deine Aufmerksamkeit, wie ich dir im Moment meine schenke. Ich danke dir von Herzen dafür.

Notizen

Deine Weiblichkeit entdecken

Gerade eben habe ich ein Buch über Göttinnen durchforstet, um mir einige Anregungen für dieses hier zu holen. Ich wollte mich von dem Buch befruchten lassen. Es ist hilfreich, dachte ich, wenn ich die verschiedenen Vorstellungen über das Frausein anhand von Göttinnen verdeutliche. Und weil ich mich mit Göttinnen nicht so gut auskenne, las ich eben etwas darüber. Und was musste ich lesen? Kennst du die Geschichte von Paris und den drei Göttinnen Aphrodite, Hera und Athene? Zwischen ihnen gab es einen durch Eris, die Göttin der Zwietracht, angestifteten Wettstreit. Paris, ein Sterblicher, sollte entscheiden, wer die Schönste von allen war. Der Siegerpreis war ein goldener Apfel. Alle Göttinnen stimmten dem Wettstreit zu und versuchten, Paris mit großen Versprechungen (Geld, Macht, Weisheit, Sieg in allen Schlachten bis hin zu einer Ehe mit der schönsten, leidenschaftlichsten Frau der Welt, die allerdings bereits dem König Menelaos angetraut war) zu beeinflussen. Paris wählte die verführerische Aphrodite, forderte sein Pfand ein, nämlich die von Aphrodite versprochene leidenschaftliche Ehefrau, und entführte diese. Dadurch löste er den Trojanischen Krieg aus.

Die Geschichte kannte ich bereits, aber die Schlussfolgerung der Autorin finde ich schon speziell: Die Botschaft wäre eindeutig, schreibt sie, Männer reagierten nicht auf Reichtum, Macht, Überlegenheit im Kampf und Weisheit, sondern auf Schönheit und auf weibliche Verführungskünste. Die anderen Gaben würden sie nicht schätzen, deshalb würden wir Frauen so viel Wert auf unser Aussehen legen.

Männer sind also schuld daran, dass wir uns nicht voll entfalten können. Ja, so kann man es sehen. Aber so auch: Frauen (Göttinnen) treten in Konkurrenz miteinander, wetteifern darum, die Schönste zu sein, verführen und bringen einen Mann dazu, sich überhaupt erst zwischen all diesen Gaben entscheiden zu müssen. Sie haben angefangen, die Göttinnen, sie haben sich selbst in Konkurrenz zueinander gesetzt. Es sind zumeist die Frauen selbst, die andere Frauen scharf verurteilen und bewerten.

Was will ich damit sagen? Wenn wir unsere Weiblichkeit erkennen und entfalten wollen, müssen wir wirklich aufhören, uns ständig als Opfer der Männer zu sehen und uns irgendwie für wertvoller zu halten als sie. Genauso müssen wir aufhören, uns gegenseitig zu

verurteilen und in Konkurrenz miteinander zu treten. Selbstverständlich
müssen Männer genauso aufhören, uns
abzuwerten, aber dies ist ein Buch für
uns Frauen, und wir können nur bei uns
selbst anfangen.

All das hat nichts mit Männlichkeit und
Weiblichkeit zu tun, sondern mit der Ab-
wesenheit ebenjener Kräfte und der daraus
resultierenden inneren Leere und Angst.
Natürlich haben wir jeden Grund, Angst vor
Männern zu haben und sie zu verurteilen, wir haben genauso jeden
Grund, Frauen zu verurteilen und vor ihnen Angst zu haben. Doch
so kommen wir nicht weiter.

Ich möchte dir eine völlig andere Sichtweise anbieten, und ich danke
dir von Herzen, dass du mir das erlaubst, indem du weiterliest. Denn
mit der herkömmlichen Sichtweise kreisen wir in einer ewigen
Schleife. Die Opfer-Täter-Sichtweise ist alt, und sie ist langweilig.
Und weißt du, wenn du diese alten Schuldzuweisungen in dir bewegst,
dann nährst du eben auch diese. Du hast ja auch eine männliche
Seite, einen inneren Mann, über den wir später noch reden werden.
Wie wäre es, wenn du bereit wirst, sowohl mit dem inneren männlichen Anteil als auch mit der Frau, die du bist, Frieden zu schließen?
Könnte es nicht sein, dass das hermetische Gesetz »Wie innen, so
außen, wie oben, so unten« dann das Seine beitragen würde?

Sicher hast du einige Vorstellungen darüber, was Frausein bedeutet,
schöne und auch weniger schöne. Nimm dir doch ein paar Minuten
Zeit, um ganz spontan aufzuschreiben:

Das Schöne am Frausein ist:

....
....
....
....
....

Und auch:

Das Schlimme am Frausein ist:

....
....
....
....
....

Das ist deine alte Sicht der Dinge. Das sind die Erfahrungen, die du und das weibliche Kollektiv bis jetzt machten. Du und ich, wir dürfen unser ganzes Mitgefühl in all diese Erfahrungen senden. So wundervoll das Frausein auch ist, es war (und ist in vielen Ländern) auch äußerst schmerzhaft, mit Kummer und jeder Menge Gewalt belastet. Das Mannsein genauso.

Es wird Zeit für neue Erfahrungen. Frauen sind Raumwesen, schrieb ich zu Anfang, und was das für das Frausein heißt, erforschen wir jetzt zusammen. Denn im Hüten und Nähren liegt unsere wahre Kraft. Du musst aber jetzt nicht sofort wieder für jemanden sorgen und dich um die Bedürfnisse eines anderen kümmern, denn das ist mit Hüten und Nähren nicht gemeint. Beinahe würde ich sogar sagen: im Gegenteil.

Die wunderbare Schamanin Gabrielle Roth sagte sinngemäß, dass ein Schamane einem Suchenden, der zu ihm kommt, diese Fragen stellt: Wann hast du aufgehört zu tanzen? Wann hast du aufgehört zu singen? Wann hast du aufgehört, Geschichten zu hören, damit deine Seele genährt wird? Und wann hast du aufgehört, deine eigene innere Stille aufzusuchen?

Dein Raum umfasst alles, was du hütest, alles, wofür du dich interessierst. Stelle dir einmal den Akt der Zeugung vor. Der weibliche Schoßraum nimmt den Samen in sich auf, lässt sich von ihm befruchten und erlaubt, dass etwas völlig Neues und noch nie Dagewesenes wächst. Die Frau nährt das Neue in ihrem Schoßraum, ohne zu wissen, was es ist, und ohne es zu kennen – bedingungslos. Weil sie es aber in sich aufgenommen hat, lernt sie es kennen. Während sie es nährt, spürt sie es, auch wenn sie es nicht sieht. Sie weiß intuitiv fast immer, ob in ihrem Schoßraum alles in Ordnung ist oder nicht, auch wenn sie vielleicht nicht darauf hört. Sie ist in Kontakt mit dem, was sie in sich nährt, in Kontakt mit dem, dem sie Raum in sich gibt. Der Schoßraum ist ihr heiliger Raum, der Ort, an dem sich Seele und Erde treffen, an dem sich etwas Nichtstoffliches mit der Materie verbindet, wachsen und gedeihen kann. Das Leben selbst braucht den Schoßraum der Frau, damit es Raum bekommt, beseelt zu werden und sich zu entfalten. (Auch ein Vogelei oder der Beutel eines Kängurus ist ein Schoßraum.)

Wenn du nun weißt, dass dein Becken diesen Raum bietet, in dem sich Seele und Materie treffen, dann kannst du dir sehr leicht vorstellen, dass das nicht nur für physische Kinder gilt. Und dass sich Weiblichkeit möglicherweise nicht nur auf den körperlichen Schoßraum bezieht.

Wie findest du deine innere Schale?

Ritual:
Deine Schale finden

Nimm dir für dieses Ritual so lange Zeit, wie es eben braucht, das können Tage oder auch Wochen sein. Es darf im Hintergrund mitlaufen, während du deinen Alltag erlebst und erledigst.

Halte Ausschau nach deiner Schale. Du darfst sie natürlich auch selbst töpfern oder flechten. Die Großmütter der indigenen Völker, aus denen diese schamanische Tradition stammt, flechten ihren Enkelinnen, wenn diese ihren ersten Mondfluss bekommen, sogenannte Hochzeitskörbe und erinnern sie damit an ihren Schoßraum und das weibliche Wissen. Diese Körbe sehen aus wie sehr flache Schalen und haben einen Durchmesser von ca. 45 cm.

Wie deine Schale aussieht, ist vollkommen deine Sache. Es können auch mehrere sein, denn du hast ja sehr viele verschiedene Lebensbereiche, die du hütest und nährst. Da darfst du auch mehrere Schalen haben, denn all diese Lebensbereiche brauchen unterschiedliche Arten des Hütens und Nährens. Halte also die Augen und das Herz offen, besonders aber erlaube deinem Bauch, die Schale zu finden. Lasse deinen analytischen Verstand ruhen, denke nicht darüber nach, dass aber diese Farbe nicht zu jenem Chakra passt oder dass die Klangschale, die dich so anlacht, aber doch einen Herzton hat, keinen Sexualchakraton. Dein Bauch weiß ganz genau, welche Schalen zu ihm passen. Ob du eine einzige findest oder mehrere, das spielt im Moment keine Rolle. Es kann aber sein, dass es dir hilft, eine Schale für einen ganz bestimmten Lebensbereich auszusuchen, wenn du diesen ausdrücklich erschaffen, reinigen, nähren und stärken willst. Möglicherweise befindet sich bereits eine Schale in deinem Besitz, die genau passt, dann nimm diese. Das Material darf sein, wie es ist, auch eine Plastikschüssel kann wunderbare Dienste tun – ist sie doch nahezu unzerstörbar.

Wie fühlt es sich an, diese Schale zu haben und zu wissen, dass sie deinen Schoßraum, deine weibliche Kraft, symbolisiert?

Wenn du dich traust, dann stelle dich mit der Schale vor einen Spiegel. Halte die Schale in den Händen, sodass sie sich auf Höhe deiner Beckenknochen befindet. Sie darf den Bauch berühren. Schließe nun die Augen, und erlaube der Kraft der Schale, sich dir zu zeigen. Wie fühlt es sich an, sich vorzustellen, dass du diesen Hochzeitskorb in dir trägst? Wie wäre es, wenn dein Frausein tatsächlich bedeutet, einen Raum zu hüten? Was wäre dann anders?

Öffne die Augen, und sieh dich an: Du trägst nun bewusst die Schale, deine spirituelle Gebärmutter. Wie geht es dir damit, kannst du dich selbst mit anderen Augen sehen?

Finde in deiner Wohnung einen guten, festen Platz für deine Schale, vielleicht gar eine Art Altar. Deklariere diesen Ort zu deinem heiligen Ort.

Vielleicht hast du diese Schale für einen ganz bestimmten Lebensbereich gekauft oder gefertigt, vielleicht symbolisiert sie deine Weiblichkeit in all ihren Facetten. Halte es ganz einfach, so, wie du es machst, ist es richtig. Wenn du willst, dann kannst du ein großes Willkommensritual für dich selbst als Frau durchführen, falls du eines kennst. Du kannst aber auch einfach dieser Schale einen guten Platz in deiner Wohnung geben.

Finde nun einen Gegenstand, der etwas symbolisiert, was du sehr gerne in deinem Leben verwirklichen oder erhalten willst. Es kann auch ein Wort, ein Satz, ein Gedicht etc. sein. Wähle klug. Es ist nicht sinnvoll, »Eine Beziehung mit Rainer führen« auf einen Zettel zu schreiben, wenn Rainer ganz andere Absichten hat. »Eine glückliche, erfüllte Liebesbeziehung führen« aber darfst du natürlich aufschreiben!

Lege dein Symbol nun bewusst in deine Schale, und lasse es da liegen. Wie geht es dir damit? Fühlst du, dass sich dein Wunsch an einem guten Ort befindet? Beende das Ritual, indem du dir selbst versprichst, dich von nun an an deine Schale zu erinnern.

Was ist anders, wenn du deine Schale bewusst in dir aktivierst, wenn du von ihr weißt?

....

....

....

....

Du hast eine völlig neue innere Kraft gefunden, eine Kraft, die viel besser als Herz oder Kopf weiß, ob etwas für dein Leben sinnvoll und machbar ist oder nicht. Warum ist das so? Du kannst das, was ich jetzt schreibe, lesen und glauben, oder du kannst es, falls dir die Technik geläufig ist, selbst systemisch aufstellen. Ich schreibe dir das Folgende nicht als Übung auf, diese machst du einfach für dich selbst, wenn du dich mit Aufstellungsarbeit auskennst. Wenn du dich nicht damit auskennst, bitte ich dich um dein Vertrauen.

Du hast verschiedene innere Instanzen, die dir helfen, dein Leben zu meistern. Da ist zum einen der Verstand. Viele verteufeln ihn geradezu, doch ich halte den Verstand für ein sehr wichtiges Werkzeug – den gesunden Menschenverstand, wohlgemerkt. Nicht das ängstliche Gejammer oder die scheinbar vernünftigen Argumente, die dich nur in der Vermeidung halten wollen. Das ist nicht der Verstand. Alle Gehirnzentren bedienen sich des Sprachzentrums, und so hat deine dir innewohnende, sehr wichtige Schmerzvermeidung genauso viel zu sagen wie deine spirituelle Intuition und das Innere Kind – die Qualität und der Tenor deiner Gedanken hängen vollkommen davon ab, welchem Aspekt du in dir Raum gibst. Alle Anteile deines Gehirnes produzieren Gedanken, angstvolle und großartige. Positives Denken bedeutet nichts anderes, als dass du dir darüber bewusst bist, wer in dir gerade denkt, und dass du eine Wahl triffst, wem du »Denkzeit« gibst und wem nicht.

Spirituell gesehen könnte man auch sagen: Da gibt es den Mentalkörper. Das ist ein nichtstofflicher Aurakörper, mit dem du Informationen als Gedanken wahrnimmst. Hier kommen Ideen und Inspirationen an, doch hier entstehen auch diese alten, langweiligen Gedankenverkettungen, diese Schleifen, die dich in den alten Strukturen halten möchten – je nachdem, wie bewusst du deinen Mentalkörper pflegst.[*] Ideen und Informationen, die im Mentalkörper ankommen, sind ungeordnet und sehr impulsiv. Sie schießen dir durch den Kopf, sind manchmal schneller, als du sie überhaupt erfassen kannst. Es sind Geistesblitze, Informationen, die dich befruchten können, aber nicht müssen.

---

[*] Mehr darüber in: Susanne Hühn: Stell dir doch vor, was du willst. Warum auch negative Gedanken ihren Platz haben. Schirner Verlag 2016.

Ein Beispiel:

Ich schreibe dieses Buch. Die Idee dazu hatte ich nach einem Frauen-seminar. Schon lange hatte ich das Gefühl, ich sollte einmal wieder ein Buch für Frauen schreiben und über die Schale berichten, doch der echte Impuls kam erst, nachdem ich mit der Schale gearbeitet hatte. Ich hätte ihn vorüberziehen lassen können, es war nur ein Impuls. Ich habe oft Impulse und Ideen zu Büchern, das heißt aber noch lange nicht, dass ich sie auch schreiben kann. Oder will.

Ich nahm den Impuls in mich auf, dachte ihn, wenn du es so willst, noch einmal selbst bewusst und machte ihn mir damit zu eigen. Indem ich das, was mich durchblitzte, bewusst noch einmal selbst dachte, nahm ich es in mich auf. Ich wurde aufmerksam.

Die Gedankenimpulse sagen noch nichts darüber aus, ob eine Idee auch machbar ist, ob du sie gut verwirklichen kannst. Zuerst sind es einfach nur geistige Impulse, die im mentalen Zustand nichts über ihre eigene Erdtauglichkeit wissen.

Wie entscheidest du nun, welche dieser Impulse du überhaupt in dich aufnimmst und welche nicht? Nun, es gibt welche, die fühlen sich einfach gut an und geben dir Kraft, beflügeln dich. Denen nachzugehen, lohnt sich. Dass sie dich beflügeln, heißt aber noch lange nicht, dass sie auf der Erde in Taten umsetzbar sind! Wenn du ihnen erlaubst, tiefer in dich einzusinken, dann treffen die zunächst geistigen Impulse auf die nächste Instanz: das Herz. Natürlich kannst du auch einfach ganz bewusst dein Herz befragen, wenn dir das mit dem Einsinken-Lassen zu vage ist.

Auch das Herz unterscheidet nicht zwischen »machbar« und »nicht machbar«, sondern sortiert die Impulse nach den Kriterien »ist getragen von Liebe« und »ist nicht getragen von Liebe«. Das Herz ist ein wesentlicher Ratgeber, wenn es darum geht, den Grad der fließenden, möglichen Liebe in Bezug auf eine Idee zu erkennen. Aber auch das Herz sagt noch nichts darüber aus, ob sich ein Impuls auf der Erde leben lässt. Es ist ein sehr wichtiger Ratgeber, sollte aber nicht das letzte Wort haben, wenn du eine Entscheidung triffst.

Das hast du sicher schon erlebt: Irgendetwas erscheint dir eine gute Idee zu sein, und es lässt dein Herz höher schlagen. Oft genug ist es ein Mann. Doch auch die beflügelnde Eingebung, dich mit dem, was du liebst, selbstständig zu machen oder den Wohnort in ein anderes Land zu verlegen (oder etwas anderes Großes oder Kleines) lässt dein Herz vor Freude warm werden. Natürlich wird es warm, existiert doch jede Menge potenzielle Liebe und Glück in all diesen Ideen! Du bist mutig, probierst es aus – und erkennst, dass etwas fehlt, nicht funktioniert. Du – doch, lasse mich dieses Wort bitte sagen – scheiterst. Und du haderst mit Gott und der Welt. Es hatte sich doch so gut im Herzen angefühlt, so liebevoll, und sollen wir nicht aus dem Herzen heraus entscheiden? Du versuchst, Stroh zu Gold zu spinnen und dennoch das Gute zu sehen, und das ehrt dich. Du hast ja etwas gelernt, denkst du, und das stimmt. Und dennoch bleibt die stachelige Frage: Wie konnte das dann nur so schiefgehen? Ich sage dir, wie das passieren konnte. Denn da gibt es diese letzte Instanz der Entscheidung: die weibliche, die Schale.

Nachdem eine Idee den mentalen Begeisterungstest durchlaufen hat und in dein Herz hinabgesunken ist, wo sie auf ihr Liebespotenzial hin überprüft wird, erlaubst du ihr, noch ein wenig tiefer in dich einzufließen. Du erlaubst ihr, dich wahrhaft zu schwängern, und nimmst die Idee in deine Schale auf, in den Bauch.

Hier nun, in der Schale, wird Folgendes angeschaut: Taugt die Idee dazu, der irdischen Anziehungskraft, der Struktur der irdischen Gegebenheiten, standzuhalten? Ist sie mit der Erdschwingung kompatibel? Ist die Zeit reif? Hast du genug Geld? Bist du in der Lage, das zu leisten, was nötig ist, damit dieses Projekt wirklich gesund das Licht der Welt erblicken und in ihr bestehen kann? Hier entscheidet sich, ob aus einer Idee oder einem Wunschtraum ein Plan und am Ende ein lebensfähiges, tragfähiges Projekt wird.

Die Schale ist unbestechlich. Es kann sehr wohl sein, dass deine Angst dir suggeriert: »Das ist Unsinn, das schaffst du nie!«, oder sogar die Stimme der Vernunft sagt: »Das klappt nicht, der ändert sich nicht, mit diesem Mann wirst du unglücklich werden.« Doch dein tiefes Bauchgefühl, die Schale, bleibt ruhig und gibt dir ein Ja. Dann mache es. Denn was wäre, wenn er sich zwar nicht ändert, du aber viel besser mit dieser Situation umgehen kannst, als du es bis jetzt erfahren hast? Andersherum kennst du es mit Sicherheit: Du hast eben kein gutes Bauchgefühl, aber das Herz jubiliert. Also lässt du dich auf etwas ein, obwohl du, spätestens wenn es schiefgegangen ist, genau weißt, dass dich etwas in dir laut und deutlich gewarnt hat. Es ist sehr klug, auf das Gefühl in deiner Schale zu hören, denn sie hat das letzte Wort.

Was ist das Geheimnis dieser Schale, wieso weiß sie, in welche Richtung eine kluge Entscheidung weisen sollte? Drücken wir es poetisch aus: Die Schale bekommst du von Mutter Erde. Sie existiert nur, wenn du als Mensch zur Erde kommst, sie ist physisch. Nur auf der Erde bist du ausdrücklich weiblich oder männlich.

Was heißt das? Die Seele hat kein Geschlecht. Sie wählt vielleicht den weiblichen oder männlichen Weg, weil sie bestimmte Erfahrungen besser unter bestimmten Umständen machen kann, doch sie selbst ist ungeschlechtlich. Weil die Schale ein Geschenk von Mutter Erde ist, also nur hier auf der Erde eine Rolle spielt, kennt sie die irdischen Gesetze. Natürlich nicht die, die wir Menschen machen, sondern die Gesetze des Überlebens und der Entfaltung auf der Erde. Sie weiß, was ein erfolgreiches Projekt braucht, sie kennt die Gesetze der Evolution, und sie ist verbunden mit der Kraft der Erde. Sie weiß, ob ein Projekt machbar ist oder nicht, weil sie die Stimme von Mutter Erde verkörpert. Sie hütet Tod und Leben, jeden Monat, bereitwillig und bedingungslos. Sie nährt auch deine nicht lebenstauglichen Projekte, sie ist, wie gesagt, bedingungslos. Du wirst aber immer wieder spüren, dass es im Außen nicht richtig fließt, dass die Umsetzung schwierig ist und vor allem, dass du nagende Zweifel hast. Daran erkennst du, dass etwas nicht stimmig ist: Du hast starke, echte, das heißt dich wirklich beunruhigende Zweifel, die immer wieder von unten hochzublubbern scheinen. Einfach ein tiefes inneres Wissen, dass da etwas nicht stimmt.

Wie unterscheidet man echte Zweifel von dieser störenden inneren Stimme, die der Angst gehört? Nun, das ist schwierig, wenn du dir selbst noch nicht vertraust, da will ich dir nichts vormachen. Es gibt allerdings verschiedene Möglichkeiten, dir Sicherheit zu verschaffen.

Bitte um Hilfe

Wende dich an einen dir vertrauten Menschen, und frage ihn, ob er dir zuhören, Zeuge sein möchte, wenn du von deinem Projekt erzählst. Beim Erzählen wirst du spüren, was du wirklich willst. Vielleicht hast du eine Freundin, die Aufstellungsarbeit macht, auf andere Weise Strömungen und Energien spüren kann oder dich einfach wirklich gut kennt.

Stelle deine Angelegenheiten selbst auf

Nimm dir zwei Blatt Papier, schreibe auf das eine »Zum jetzigen Zeitpunkt machbar« und auf das andere »Zum jetzigen Zeitpunkt nicht machbar«. Lege sie verdeckt auf den Boden, am besten so, dass du selbst nicht weißt, was wo liegt. Nimm nun deine Schale, und halte sie dir vor den unteren Bauch, oder stelle dir deine Schale vor. Denke noch nicht an dein Thema, du brauchst erst eine Art innerer Kalibrierung. Stelle dich nun mit der Absicht, dein inneres Ja und dein inneres Nein erst einmal zu erkunden, auf eines der Blätter, und beobachte, wie sich deine Schale nun anfühlt. Wird sie schwerer, kannst du weniger gut atmen? Oder wird sie leichter, durchströmt dich Freude? Merke dir deine Reaktion, und stelle dich auf das andere Blatt. Wieder merkst du dir deine Reaktion. Drehe nun die Blätter um. Wenn alles gut gelaufen ist, dann hast du jetzt ein klares Gefühl dafür, wie sich dein inneres Ja und dein Nein anfühlen.
Jetzt drehe die Blätter wieder um, und mische sie auf dem Boden. Denke nun an das Projekt, das du in dir hütest oder hüten willst. Stelle dich erneut nacheinander auf die Blätter, und merke dir die Reaktionen deiner Schale und deines Atems. Läuft alles gut, dann

spürst du jetzt, was deine Schale zu dieser Angelegenheit sagt. Wie du nun handelst, ist deine Sache, aber du hast eine klare Information bekommen. Und weil das so ist, kannst du nun bewusst die volle Verantwortung für deine Entscheidung tragen.

Der leere Stuhl

Stelle zwei Stühle einander gegenüber. Auf den einen setzt du dich, auf den anderen stellst du deine Schale. Bitte nun die Schale, dir eine klare Information über das zu geben, was du in dir hüten willst. Mache das ruhig laut, sage: »Ich bitte dich, zeige mir genau, ob das, was ich vorhabe (das kannst du auch ganz konkret sagen), dem Leben dient und machbar ist oder nicht.«

Dann setze dich auf den anderen Stuhl, und lege dir die Schale auf den Schoß. Erlaube, dass sich deine Sichtweise der Energie dieses Stuhles anpasst, und sprich einfach laut aus, was du hier als Schale spürst und weißt. Es kann hilfreich sein, die Worte in ein Diktiergerät zu sprechen oder aufzuschreiben.

Setze dich dann wieder auf den ersten Platz, und höre dir an oder lies nach, was die Schale sagte. Nun kannst du entscheiden, ob im Sinne der Schale oder eben nicht, aber bewusst und selbstbestimmt.

Schamanische Reise

Nimm eine Trommel, und trommle für dich, oder lege dir eine schöne, ruhige Musik auf. Stelle dir vor, du bist an einem inneren ruhigen und sicheren Ort. Nun stelle dir vor, dass deine Schale mit dir kommunizieren kann, indem sie die Farbe wechselt oder dir

ihre Informationen einfach als Gedanken oder als Symbol eingibt. An diesem inneren ruhigen und sicheren Ort kannst du nun alles fragen, was du willst, die Schale antwortet dir. Vertraue dir bitte. Vertraue dem, was du fühlst. Je öfter du das tust, desto klarer werden die inneren Anweisungen, bis du irgendwann auch ohne innere Reise bewusst wahrnimmst, was dein Bauch sagt.

Pendeln, Kinesiologie, Auralesungen, Channeln

Natürlich kannst du auch alles anwenden, was du sonst so kannst. Du kannst auch zu jemandem hingehen, der dich unterstützt. Aber, und das ist wichtig: Achte darauf, dass derjenige deine Schale liest, nicht den Seelenplan oder dein Herzchakra. Warum? Weil jede innere

Ebene andere Antworten hat, und hier geht es um deinen weiblichen Weg. Dein Seelenplan sagt noch nichts darüber aus, wie dein Weg auf der Erde tatsächlich ist, sondern darüber, um welche Themen es geht und welche Erfahrungen du machen willst. Höre auf die Schale, nachdem du alle anderen Ebenen abgeklärt hast. (Du erinnerst dich: Impulse von oben, die ins Herz strömen, dort auf ihr Liebespotenzial überprüft werden etc.) Denn deine Seele will ja genau die menschliche weibliche Erfahrung machen.

Und auf welche Weise spüren Männer, welchen Weg sie gehen sollten? Sie haben einen klaren Handlungsimpuls. Im Bauchraum des Mannes brennt, bildlich gesprochen, ein Feuer. Feuer steht für Tatkraft, dafür, die Welt durch Handlungen zu befruchten. Das heißt nicht zwingend, dass ein Mann sofort den Hammer oder den Zeichenstift in die Hand nimmt. Doch es drängt ihn dazu, anzufangen, zumindest konkrete Pläne zu schmieden. Da ist so eine innere positive Ungeduld, ein Tatendrang, der einem Mann zeigt, dass ihn ein Projekt (oder eine Frau) wirklich interessiert und dass er sich darin spiegeln will. Ein Mann spürt sich über das, was er tut, nicht über das, was er denkt und fühlt. Verstehst du? Natürlich denkt und fühlt ein Mann. Aber er spürt seine Männlichkeit nicht auf diese Weise, das geschieht über seine Handlungen und über die sichtbaren Ergebnisse dieser Handlungen. Welche Tragik, wenn ein Mann ständig etwas tun soll, was er nicht tun will! Welchen Spiegel bekommt er dadurch für sich selbst? Das wäre so, als müsstest du den ganzen Tag etwas fühlen, was du in Wahrheit gar nicht fühlen willst, weil es nicht deine Gefühle sind. Die Absichten eines Mannes kannst du an dem erkennen, was er tut, nicht an dem, was er sagt. Versprechungen, denen keine Taten folgen, kannst du sinnbildlich mit Asche gleichsetzen: Asche ist die Erinnerung an Feuer. Da hat einmal etwas gebrannt, vielleicht riecht es noch ein wenig nach Feuer, doch mehr auch nicht. Ein anderes Bild für eine Versprechung ist junges, noch grünes, also nicht brennbares Holz, das er dir statt Feuer weiterreicht.

Lasse dir nichts vormachen. Einige Männer reden viel über das, was sie tun würden, wenn nur erst … Sie haben gelernt, ihre Mutter zu beschwichtigen, als sie Kinder waren. Doch nur das, was sie tun, ist das, was ihr männliches Feuer wirklich will. Andersherum gilt es auch: Wenn ein Mann dir ständig sagt, dass er etwas Bestimmtes nicht mehr machen will, weil es dich vielleicht verletzt, aber dennoch damit weitermacht, dann brauchst du seine Worte nicht wirklich ernst zu nehmen. Ein Mann, der in seiner Kraft steht, kann tun, was er tun will. Und er tut es in der Regel auch. So einfach ist das – wenn er in seiner Kraft steht und nicht im Inneren Kind, das Angst hat, seine Mutter, durch dich vertreten, zu verletzen oder von ihr

beschämt zu werden! Dazu muss ein Mann, wie du es selbst auch gerade in Bezug auf die Schale erlebt hast, dieses männliche Feuer in sich entdecken, vielleicht neu entfachen und von Schlacke befreien, eventuell auch zu sich zurückholen, falls er es irgendwo verschwendet. Und er muss den Mut haben, dem Feuer (und nur dem Feuer!) gemäß zu handeln, so, wie du den Mut brauchst, den Impulsen und Informationen deiner Schale zu glauben.

Auf dem Weg zu deiner Schale kann es sehr gut sein, dass du erkennst, dass du bereits eine Schale in dir hast. Das ist ja auch nur logisch, du lebst ja schon lange als Frau. Ob du dir deiner Schale bewusst bist oder nicht, ändert nichts daran, dass du eine in dir hast. Sie ist möglicherweise zerbrochen, beschädigt oder randvoll mit all dem, was du unbewusst in dich aufgenommen oder noch nicht geboren hast. Es kann außerdem sehr gut sein, dass sie dir sinnbildlich im Außen begegnet. Auf einmal siehst du ständig zerbrochene Tonkrüge, oder dir fallen sonstige Schalen auf, wundervolle, die zauberhaft bepflanzt sind, oder auch weniger schöne.

Immer dann, wenn du in dir einen Wunsch, eine Idee, ein Projekt hegst und hütest, das heißt, immer dann, wenn du dich voller Engagement, sei es emotional, mental oder physisch, mit etwas beschäftigst, nimmst du es in deine Schale auf. Und da liegt es dann. Entweder kümmerst du dich darum, bringst es also, wenn es reif ist, zur Welt, oder du nimmst es aus deiner Schale heraus, wenn du merkst, du möchtest es nicht gebären – oder eben nicht. Dann modert es in dir vor sich hin, nimmt Raum in dir in Anspruch und verbraucht Energie.

Wie meine ich das? Du hast einen Traum oder eine Eingebung. Du erlaubst dieser Eingebung im positiven Fall, dich zu befruchten, das heißt, du nimmst sie ernst und erlaubst ihr, in dir zu einem Vorhaben und sogar zu einem Plan zu werden. Damit hast du sie in deine Schale aufgenommen, du gehst schwanger mit einer Idee oder einem Projekt. Ob das ein Kind, ein Berufswunsch, ein Buch, ein Filmprojekt, eine Party, ein Urlaub oder eine neue Küche ist, ist vollkommen egal. Du nährst und hütest das Projekt in dir, das heißt: Du beschützt es vor deinen eigenen Ängsten, du beschützt es vor äußeren Nörglern und Kritikern, du sammelst Informationen darüber, wie du das Projekt am besten in die Welt bringen kannst. Du gibst nicht auf, du hütest und nährst es, auch wenn es Rückschläge und Zweifel gibt. Du treibst Geld auf, Gelegenheiten, Menschen, die dir helfen könnten. Du erlaubst ihm, sich zu entwickeln, auch wenn du nicht immer weißt, was in dir geschieht. Du hältst es aus, »Ich weiß noch nicht, was daraus wird« zu sagen, und gibst dem Ganzen Raum in dir, damit es auf seine Weise wachsen kann. Du vertraust dem Prozess in dir. Du lässt dich nicht entmutigen, sondern bleibst eine gute, fürsorgliche Mutter für dein Projekt und machst weiter. Und dann, eines Tages, ist es so weit, und du weißt: Jetzt kann es in die Welt kommen. Du entdeckst genau die richtige Küche, du fängst deinen Roman an, du bewirbst dich bei einer bestimmten Firma. Du bringst das Kind zur Welt, du setzt es der Schwerkraft der irdischen Gegebenheiten aus.

Im negativen Fall lässt du dich zum Beispiel von einer guten Idee befruchten – aber du nährst sie nicht oder nur widerwillig. Du setzt dem inneren Zweifler nichts entgegen, erlaubst, dass er die Schale vergiftet. Du glaubst den äußeren Nörglern oder lässt dich von schwierigen Umständen aufhalten. »Das soll nicht sein«, sagst du dann, doch in Wahrheit hast du einfach dein Projekt nicht ernst genommen und es nicht gut gehütet. Wenn etwas wirklich nicht sein soll, dann spürst du das, weil es schiefgeht und du ein ungutes Gefühl im Bauch hast, nicht gleich beim ersten Gegenwind. Dieses »Das soll nicht sein« ist oft einfach nur Vermeidungstaktik, was auch in Ordnung ist. Aber dann erlaube dir eben auch einfach, Nein zu sagen, statt die Umstände verantwortlich zu machen.
Oder aber du lässt dich von einer Idee befruchten, mit der du gar nicht schwanger gehen willst. Man hat dich zu etwas überredet oder dich überrumpelt. Auf einmal bist du für etwas verantwortlich oder sollst Lösungen für etwas finden, bei etwas mitmachen, was dich gar nicht interessiert und in das du auch keine Energie investieren möchtest.
Eine dritte Variante des Nichthütens ist diese: Du hast eine tolle Eingebung, einen Plan. Doch du gebärst ihn nicht. Du hütest und nährst, hütest und nährst, doch du gehst nicht in die Welt damit. Du planst und planst, doch du traust dich nicht, dich mit dem, was du erschaffen hast, im Außen zu zeigen.

Was also, wenn du einige längst überreife Träume in der Schale hütest, außerdem die Vorstellungen anderer über das, wofür du dich verantwortlich fühlen solltest, die dich in Wahrheit gar nicht interessieren? Und was, wenn du eine wirklich tolle Eingebung in dir nährst, sie aber durch deine Angst und deine schlechten Erfahrungen vergiftet wird? Was, wenn du einem Mann zu lange geglaubt hast, obwohl er dir Asche statt Feuer geschenkt hat, Worte und Versprechungen statt Taten?

Dann ist deine Schale verkrustet, angefüllt mit Steinen, Asche und halb verrottetem Zeug. Wenn du nun auch noch weißt, dass sich in deiner Schale alle möglichen Glaubenssätze und Verletzungen deiner Vorfahren befinden können, deine ganze anerzogene Art, Weiblichkeit wahrzunehmen, dann kannst du dir vorstellen, wie viele Lasten du eventuell mit dir herumschleppst.

Was nun? Heilen und reinigen wir die alte Schale. Womöglich brauchst du sogar eine ganz neue. Das kannst du in Gedanken tun oder physisch. Beginnen wir mit einer inneren Reise. Warum? Weil du in der Reise vielschichtiger erkennen kannst, welche Lasten deine alte Schale eventuell trägt. Diese innere Reise kannst du für alle Schalen anwenden, die du in dir findest. Natürlich nicht alle auf einmal. Die Reise ist ein Werkzeug, auf das du immer wieder zurückgreifen kannst.

Innere Reise:
Die alte Schale reinigen und heilen

Erlaube dir, dich zu entspannen. Es gibt nichts mehr für dich zu tun, du brauchst für niemanden zu sorgen. Alles, was du hütest, ist im Moment gut versorgt, deshalb darfst du dich auf dich selbst konzentrieren. Vor deinem inneren Auge entsteht jetzt ein Tor, das du ganz mühelos durchschreitest. Hinter diesem Tor findest du eine wunderschöne Landschaft, in der du ein bisschen spazieren gehst, dich ausruhst und mir mir selbst in Kontakt bist. In einiger Entfernung bemerkst du ein Lagerfeuer an einer ganz besonders zauberhaften Stelle in dieser Landschaft. Du näherst dich dem Feuer und siehst, dass dir jemand einen Platz vorbereitet hat, einen Platz zum Liegen oder zum Sitzen, genau so, wie du ihn hergerichtet hättest, um ihn so gemütlich und schön wir nur möglich zu machen. Immer näher kommst du dem Feuer, und du spürst seine wunderbare Wärme, seinen Trost und die Geborgenheit, die es dir schenkt. Du entspannst dich, und du hast das Gefühl, willkommen zu sein.

Jetzt bist du am Feuer angelangt, du nimmst diesen für dich vorbereiteten Platz ein, machst es dir gemütlich. Du spürst erneut, wie willkommen du am Feuer bist. Auf einmal bemerkst du: Mit am Feuer sitzt eine Wesenheit, die du kennst oder auch nicht. Du fühlst dich sehr vertraut mit ihr, sehr geborgen in ihrer Nähe. Sie sagt dir: »Spüre jetzt ganz bewusst in dein Becken hinein. Nimm wahr, ob du im Becken eine Schale findest. Vielleicht sieht sie wie eine Kugel aus, vielleicht ist sie sogar zerbrochen. Nimm es einfach wahr. Und jetzt, egal, was du hier vorfindest oder auch nicht vorfindest, nimm die Schale, die Kugel, die Scherben oder sogar die Leere aus dir heraus. Schaue dir deine Schale genau an. Wie sieht sie aus? Ist sie intakt, hat sie Löcher, ist es überhaupt deine Schale? Und was befindet sich darin? Vielleicht erkennst du, dass sie völlig verschmutzt ist, durch Asche und Steine, Versprechungen, nicht geborene Wünsche und Träume, Pläne, die du vergessen hast, angefüllt mit den Wünschen und Träumen, die du für andere hütest. Auch ungeborene Kinder können sich darin befinden – vielleicht nicht einmal deine eigenen, sondern die deiner Ahninnen, der Mutter, der Großmutter und so weiter. Die Schale ist verbunden mit dem gesamten Kollektiv der Frauen, und so fühlt sie sich womöglich auch an. Nimm auch sehr genau wahr, ob diese Schale für dich stimmig ist.« Du tust, was das Wesen dir sagt.

Dann spricht das Wesen wieder: »Vertraue jetzt dem Feuer. Vertraue jetzt deine Schale diesem Feuer an. Erlaube, dass das Feuer deine Schale reinigt, von Asche und Steinen befreit, sie heilt, womöglich sogar völlig zerstört, damit etwas Neues entstehen kann.« Lege nun deine Schale mitten hinein in dieses Feuer, egal, wie sie aussieht, sogar dann, wenn sie dir perfekt zu sein scheint. Hoch lodert das Feuer auf, und du erlaubst, dass das Feuer die Schale reinigt. Vielleicht verbrennt die Asche, die die Schale verschmutzte, komplett, die Steine zerfallen, vielleicht schmilzt die ganze Schale. Du siehst nicht, was im Feuer mit der Schale passiert. Nach und nach verwandelt sich das Feuer in Glut. Es verlischt, gibt seine Kraft in die Schale hinein. Die Energie des Feuers verwandelt deine Schale. Jetzt erlischt es vollkommen.

Du erkennst auf einmal, dass in der Asche, auf der blanken Erde, genährt von Mutter Erde, eine völlig neue Schale für dich entsteht. Hattest du zuvor gar keine Schale, so liegt jetzt im erloschenen Feuer die schönste Schale, die du dir nur vorstellen kannst. Vielleicht ist es, falls du eine hattest, genau dieselbe, und dennoch ist sie verändert, durch das Feuer transformiert. Wie immer du deine Schale jetzt wahrnimmst, hebe sie auf. Verneige dich, wenn du willst, vor dem erloschenen Feuer.

Du bemerkst auf einmal: Hinter der Feuerstelle sprudelt eine Quelle. Du konntest sie zuvor nicht sehen, das Feuer verdeckte sie, doch jetzt erkennst du die Quelle. Du gehst mit der neuen Schale hin zu dieser Quelle. Du wäschst sie, taufst sie, füllst sie mit Wasser, trinkst eventuell daraus – tue alles, was dir richtig erscheint. Während die Schale mit dem Wasser in Berührung kommt, verändert sie sich noch einmal.

Auf einmal steht die Wesenheit vor dir, die mit dir am Feuer saß. Sie nimmt dir liebevoll die Schale aus den Händen und segnet sie mit der Kraft der Weiblichkeit, der Fruchtbarkeit, mit der Kraft von Mutter Erde und aller Göttinnen in ihrer lichtvollsten Form. Sie segnet die Schale für dich, damit alles, was du in ihr hütest und nährst, dem Wohle aller und dem Leben dient. Sie berührt mit der Schale deinen unteren Bauch, und auf einmal strömt diese Schale in dich ein und verschafft sich Raum. Das kannst du körperlich spüren. Sie fließt in dich ein, schmiegt sich an deine Beckenknochen, findet ihren Platz im Becken und gibt dir eine völlig neue weibliche Mitte. Ein wunderschöner Schimmer geht von dieser Schale aus, erfüllt deine Organe, deinen ganzen Körper. In dieser Schale hütest du deine Träume, deine Inspirationen, hier hütest du alles, was durch dich in die Welt kommen möchte. Und nur das, was durch dich in die Welt kommen will. Auf einmal erkennst du sehr genau, was du nicht mehr in deiner Schale haben willst, wen oder was du nicht länger bereit bist, zu hüten und zu nähren. Du erlaubst dir, diese geheilte und gereinigte oder neue Schale sehr sorgsam und sehr achtsam zu behandeln. Du erlaubst dir, sehr genau hinzuschauen, was du wirklich willst, wovon du dich schwängern lässt und wovon eben nicht. So bleibe jetzt mit dieser neuen Schale, der neuen weiblichen Mitte, in tiefem Kontakt. Erlaube ihr, dich zu verändern.

Komme dann in deiner Zeit mit dieser neuen Schale zurück in den Raum, in dem du dich befindest, ruhe dich noch ein wenig aus. Komme zurück in die Welt, in der du alles, was in dir ist, als Gedanke, als Gefühl, als Handlung erlebst. Erlaube dieser Schale, in deinem Leben zu wirken und eventuell auch aufzuräumen.

Wie erging es dir mit dieser inneren Reise? Du kannst sie auch als Ritual durchführen, so aufwendig, wie du willst. Ich schreibe dir das Ritual so, dass du es im Wohnzimmer durchführen kannst. Doch natürlich lässt sich das Ganze auch ausdehnen, und du kannst es gemeinsam mit anderen Frauen an einem großen Lagerfeuer vollziehen. Eurer Fantasie ist dabei keine Grenze gesetzt. Nutzt statt Zettel Symbole, die sich leicht verbrennen lassen, schreibt alles, was ihr loslassen wollt, auf ein großes Holzscheit, lest es euch gegenseitig vor, wenn ihr euch vertraut, nutzt die Asche, die entsteht, wenn das Feuer heruntergebrannt ist, füllt eure Schalen damit und leert sie dann wieder bewusst aus.

Hier das Ritual:

Ritual:
Die alte Schale reinigen und heilen

Nimm dir eine Schale und ein paar Zettel. Lasse dich bei der Auswahl deiner Schale von deinem Gefühl leiten, sie soll die alte oder bisherige Schale repräsentieren. Wenn du schon eine neue Schale hast, entscheide selbst, ob du sie für dieses Ritual nutzen willst oder nicht. Vielleicht möchtest du sie nicht mit deinen alten Geschichten verschmutzen, vielleicht aber ist es gerade hilfreich, sie bewusst zu reinigen.

Schreibe jetzt alles auf deine Zettel, was du deinem Gefühl nach in deiner Schale hütest, aber nicht hüten willst: die Sorgen deiner Mutter, die Versprechungen deines Expartners, die Verachtung deines Vaters, das Gejammer deiner Kollegin, der du zähneknirschend zuhörst, deinen Traum vom Ferienhaus am Meer, den du tief in dir begraben hast, deinen Selbsthass, der dir entgegenschlägt, wenn du in den Spiegel schaust … und so weiter. Beim Aufschreiben wirst du merken, was du alles in dir nährst. Falte jeden Zettel nach dem Schreiben gleich zusammen, und lege ihn in die Schale. Du wirst dich wundern, wie rasch sie sich füllt. Nutze die Schale für alle Themen, deine eigenen und die deiner Vorfahren, die du mit dir herumträgst und nährst. Lege auch einen Zettel für das hinein, was du nicht weißt, aber dennoch in dir hütest. Auf diesen kannst du zum Beispiel »Für alle Ahnenthemen« schreiben, aber noch besser ist es, du verwendest deine eigenen Worte. Nimm dir Zeit für deine Zettel. Und sei ehrlich. Du brauchst nicht gleich im Außen etwas zu verändern. Es geht zunächst nur darum zu erkennen, was du alles gegen deinen bewussten Willen hütest. Manchmal braucht es nur eine neue Entscheidung.

Warum schrieb ich zuvor »deinen Traum vom Ferienhaus am Meer, den du tief in dir vergraben hast«? Ist er nicht etwas Gutes? Nein. Wirf ihn raus. Und entscheide dann bewusst, ob du ihn neu in dich aufnehmen willst oder nicht – dann aber als Plan, nicht nur als Traum. Natürlich kannst und darfst du Träume haben, auch solche, die vermutlich nicht in Erfüllung gehen. Diese gehören aber ins Herz, nicht in die Schale. In die Schale gehört das, was du gebären willst, denn sie fügt deinen Träumen die Informationen und Kräfte des Irdischen hinzu. Es ist ein großer, mutiger Schritt, Träume aus dem Herzen in die Schale hineingleiten zu lassen, denn auf einmal wird dein Traum zu einem Plan. Unterdrückst du ihn dann, weil du seine Verwirklichung nicht für möglich hältst oder sie dir zu aufwendig erscheint, dann modert er vor sich hin. Er gibt dir keine Kraft mehr (wie das ein herzgesteuerter Tagtraum vom perfekten Ferienhäuschen tun könnte), sondern kostet dich welche.

Es kann sein, dass du noch etwas in dir hütest, was dir schmerzhaft entrissen wurde. Ein Kind. Eine Liebe. Ein lang gehegter Traum. Ein Tier, das du loslassen musstest. Schreibe auch das auf. Es blockiert nur den Raum in deiner Schale, wenn du etwas hütest, was nicht weiterwachsen und gedeihen kann. So weh es auch tut, loslassen zu müssen, du musst, so leid es mir tut und so sehr ich mit dir fühle, Totgeburten aushalten. Das gehört einfach dazu. Du hast mein tiefes Mitgefühl.
Du kannst für all das, was du nicht mehr zu hüten brauchst, obwohl du es so gerne würdest, ein Extraritual durchführen. Das machst du einfach genauso wie dieses hier, nur dass du alles aufschreibst, was du nicht mehr zu hüten brauchst, obwohl du es so gerne würdest. Du kannst deine Verluste aber auch während

dieses Rituals verarbeiten und auch diese Zettel mit in die Schale legen – das entscheidest du. Falls du dich dazu entscheiden solltest, dann nutze zusätzlich ein Ritual, das ich dir mit einem ❖ markiere.

Wenn du nach einer Stunde oder nach ein paar Tagen das Gefühl hast, dass du alles aufgeschrieben hast, was du nicht mehr hüten willst, dann wirf die Zettel einfach weg, oder verbrenne sie über der Spüle oder in einem Aschenbecher – bitte nacheinander und vorsichtig und achtsam.

❖Du verbrennst also auch die Zettel, auf denen du aufgeschrieben hast, was du schmerzlich loslassen musst, weil es nicht lebensfähig ist.
Während du das tust, stelle dir eine Lichtsäule vor, die Himmel und Erde verbindet. Stelle dir das einfach vor wie einen Sonnen- oder Mondstrahl, der auf die Erde fällt und einen Lichtfleck bildet. Während du nun die Zettel verbrennst und damit die Schale von allem befreist, was du nicht mehr in dir hüten solltest, weil es nicht geboren werden kann, stelle dir vor, dass all das, was du so gerne hüten wolltest – deine Ideen, vielleicht die Seele deines Kindes, dein Traum von einer erfüllten Liebe, deine tiefste Sehnsucht –, in dieser Lichtsäule wie Rauch oder wie ein Lufthauch nach oben schwebt. Manches strömt durch die Lichtsäule auch in die Erde hinein, je nachdem, wohin es gehört. Das wissen die Kräfte selbst. Auch die gebundenen Emotional- und Seelenenergien all der Themen, die du noch in dir genährt hast, dürfen frei werden. Du geleitest sie mithilfe der Lichtsäule nach Hause, was auch immer das für jede einzelne dieser Energien bedeutet.

Nimm dir Zeit zu trauern, auch wenn du das schon oft getan hast – heute entlässt du die Reste dessen, was noch in dir wohnt, ins Licht, und das tut einfach weh. ❖

Reinige deine Schale danach mit Wasser aus dem Wasserhahn oder mit einem besonderen Wasser, wenn du welches hast. Du kannst sie auch ausräuchern, wenn das in deiner Wohnung möglich ist.

Nun hast du eine gereinigte Schale. Hattest du eine alte genommen, dann stelle sie nun einfach wieder weg, sie hat ihren Dienst getan und kann wieder zur Salatschüssel werden.

Hast du deine neue Schale hergenommen, so bringe sie nun wieder an den guten Platz, den du ihr in deiner Wohnung gegeben hast.

Möchtest du dich ab sofort von bestimmten Informationen abgrenzen, willst du dich also nicht mehr wahllos von den Themen anderer schwängern lassen, dann besorge dir jetzt einen Deckel für deine Schale, zum Beispiel einen großen Teller. Lege ihn einfach auf die Schale, wenn du dich mit Themen befassen musst, die du nicht wirklich in dich aufnehmen willst. Schon das Wissen, dass du jetzt jederzeit einen Deckel zur Verfügung hast, kann sehr erleichternd sein.

Übung:
Die Schale bewusst verschließen und öffnen

Immer wenn du im Alltag Dinge hörst, die du nicht in dich aufnehmen willst, stelle dir von nun an vor, du legst den Deckel auf die Schale. Das kannst du auch ganz konkret tun, bevor du morgens das Haus verlässt. Du weißt ja, du hast mehrere Schalen in dir. Verschließe die, die nichts von dem aufnehmen sollen und wollen, was du zum Beispiel bei der Arbeit erlebst und hörst. Die Freundinnenschale bekommt einen Deckel, wenn dich die Kollegin als seelischen Mülleiner zu nutzen versucht, die Schale der inneren Mutter verschließt du, wenn du es im Büro oder in der Partnerschaft mit Menschen zu tun hast, die sich wie sich streitende, schmollende oder bedürftige Kinder benehmen. Das Abdecken der Schale kannst du jederzeit geistig vollziehen, auch wenn zu Hause kein Deckel auf der Schale liegt.

Öffne deine Schale dagegen ganz weit, wenn dich etwas wirklich interessiert, du für jemanden da sein möchtest oder deine Intuition, dein Wissen, deine guten Ideen gefragt sind. Auch dann, wenn du eine Lösung für ein Problem brauchst, lasse alle Aspekte deines Problems, deiner Fragen ans Leben, in die Schale hinabsinken, selbst wenn es sich zunächst nicht gut anfühlt. Die alchemistische Kraft von Mutter Erde wird dir auf ihre Weise eine Antwort erschaffen.

»Ja, aber welche Schale nutze ich nun für was?«, fragst du vielleicht ein wenig verzweifelt. Das sind ja nur Bilder. Du brauchst nicht zu wissen, welche deiner Schalen, die ja Aspekte, Anteile, deines gesamten Schoßraumes sind, du nutzen oder verschließen solltest. Du brauchst auch nicht herauszufinden, wie viele Schalen du nun hast und wie sie heißen. Die Bilder sollen dir nur helfen, bewusster mit dem umgehen zu können, was du in dich aufnimmst – damit du dich nicht erneut von deiner Weiblichkeit abschotten musst oder du dich ausgenutzt fühlst. Wenn du spürst, dass eine Information auf ungute, nicht gewollte Weise in dich einsinkt, dann bitte einfach innerlich darum, dass die entsprechende Schale verschlossen wird. Auch dann, wenn du dich zum Beispiel für einen Mann interessierst, der dir nicht guttut oder nicht verfügbar ist, kannst du deine Schale bewusst verschließen. Sage schlichtweg innerlich: »Schale zu.« Du spürst vielleicht einen leichten Druck im Bauch, als würde sich wirklich etwas verschließen, und das ist für den Moment auch gut so. Du wirst spüren, wie du augenblicklich in emotionaler und energetischer Hinsicht neutraler wirst.

Probiere es für dich aus, dann wirst du schnell geübt darin sein, deine Schale zu verschließen. Sie öffnet sich von alleine wieder, wenn die Situation vorbei ist. Sollte sie sich nicht von allein wieder öffnen, dann sage einfach: »Schale auf.«

Wie aber erkennst du, was deine Schale sagt, ob sie eine Idee unterstützt oder nicht? Wie kannst du im Alltag darauf zurückgreifen? Indem du übst, ihre Sprache zu verstehen.

Mache die nachfolgende Übung ein paar Tage oder Wochen lang, damit du ein Gefühl für deine Schale bekommst.

Übung:
Die Schale in dir erspüren

Schließe deine Augen, und atme ganz bewusst in deinen unteren Bauch hinein, wenn du das kannst. Visualisiere nun deine Schale so gut, wie du das eben kannst. Die Schale will gespürt werden, sie wird dir helfen und sich bemerkbar machen. Es kann auch gut sein, dass du sie körperlich spürst, wie einen Druck oder ein weites Gefühl im Becken. Erlaube dir zu spüren, was du eben spürst, die Schale zeigt sich bei jeder Frau anders.

Nun bitte deine Schale, dir zu zeigen, wie sich ihr Nein anfühlt. Vielleicht verändert sie ihre Farbe, sie verschließt sich ein wenig, oder du spürst einen Druck im Bauch.

Wenn du das Nein erlebt hast, bitte sie darum, dir deutlich ihr Ja zu zeigen. Achte auch hier wieder auf Veränderungen, und vertraue auch feinen Impulsen. Vielleicht geschieht gar nichts, das Ja ist dann einfach still.

Wenn du die Unterschiede erlebt hast, dann mache dir von nun an die Mühe, jeden Tag deine Impulse zu überprüfen. Auch das, was du normalerweise als Hirngespinst abtust, oder das, was du dir jeden Tag neu ausredest – erlaube, dass die Ideen und Impulse, die Wünsche und Träume in die Schale hinabsinken, und lasse sie dort einen Moment liegen.

Wie machst du das? Indem du dir erlaubst, das, was in dir entsteht, für einen Moment lang ernst zu nehmen, egal, was du dabei fühlst. Deine Gefühle sind vielschichtig, das Innere Kind spielt eine Rolle, die Konditionierungen, die du erlebt hast, die Scham, deine Erfahrungen, deine Freude, deine Vorbilder. Die gereinigte Schale ist frei davon. Erlaube dir also, deine Ideen in den Bauch hineinzuatmen, stelle dir vor, wie du sie in die Schale hinabsinken lässt. Und dann achte auf die Reaktion deiner Schale. Mache das öfter am Tag, auch mit Kleinigkeiten, damit du es übst. Je schneller du deine Impulse in die Schale hinabsinken lassen und dort überprüfen kannst und je schneller dein innerer Mann (dazu später mehr) auf Geheiß der Schale handelt, desto rascher kannst du deine Impulse umsetzen oder verwerfen, je nachdem, was gerade richtig ist.

Notizen

Die Schale der Selbstfürsorge

Gerade jetzt sitze ich hier, warte auf den Rückruf eines Arztes. Meine Tasche ist gepackt, ich halte heute Abend einen Vortrag in Österreich und muss eigentlich weg, doch meine alleinstehende Mutter ist völlig verwirrt und muss in ein psychiatrisches Krankenhaus. Gestern haben wir den Notarzt gerufen, weil sie wie weggetreten war und der Verdacht auf einen Schlaganfall bestand. Ich wollte gestern schon an den Bodensee fahren, weil ich dort ein paar Termine hatte, doch ich verbrachte den Tag wartend im Krankenhaus – und nahm mei-

ne Mutter wieder mit nach Hause, weil kardiologisch gesehen kein Problem vorlag. Meine Schwester, mit der ich zusammenwohne, hat gerade einen depressiven Schub – und ich muss weg. Der einzige Vortrag, den ich in diesem Sommer außerhalb halte, und gerade jetzt werde ich hier gebraucht. Nicht weil ich so unabkömmlich und wichtig bin, sondern weil es einfach so ist.

Die Schale der Fürsorge für andere quillt über und die, in der ich mich selbst wahrnehme und Ruhe und Entspannung finde, spüre ich nicht einmal ansatzweise. Die Schale der Lebensfreude ist leer, sie bekommt schon Risse, so ausgetrocknet ist sie. Oder besser gesagt: Sie ist schon gut gefüllt, die Schale der Lebensfreude. Das ist anders als früher, da war sie wirklich ausgetrocknet. Aber ich komme nicht an sie heran. Ich wollte ein bisschen früher Richtung Österreich fahren und dort einige Leute treffen, zum Beispiel einen Pferdehof besuchen. Mit wurde dort eine Sitzung auf einem Pferd angeboten, auf die ich mich sehr gefreut hatte – aber es geht nicht. Es bleibt die Pflichterfüllung während dieser Reise, sonst nichts. Das kenne ich gut.

Warum jammere ich dir etwas vor? Weil du das auch kennst. Weil es manchmal einfach so ist. Und weil wir für uns eine Lösung brauchen, du für dich, ich für mich. Zumindest brauchen wir Kraft, um das durchzustehen. Dazu gehört, dass du erkennst, in welchen Bereichen du überfordert bist, in welchen Bereichen alles glatt läuft und welche Bereiche darben. Besonders die letzteren gilt es zu bereichern.

Ich fahre los, ich habe mir extra ein Hörbuch für die Fahrt gekauft, und ich bemerke, während ich losfahre: Es tut mir gut, einmal rauszukommen und Raum für meine eigenen Gedanken zu haben. Ich bin für zwei Tage unterwegs, physisch nicht verfügbar, das gibt mir die Gelegenheit, mich selbst zu sortieren. Ich muss zwar arbeiten, doch in einer Komfortzone. Ich vermisse meine Tiere, doch ich spüre mich selbst wieder, nicht nur die Sorge um meine Mutter und meine Schwester. Sie sind ja versorgt. Ich habe einige Geschwister, ich muss mich nicht um alles kümmern. Ich bin die Älteste, es fällt mir schwer, nicht die komplette Verantwortung zu übernehmen, doch ich darf üben, dem Rest der Familie zu vertrauen.

Weil das so ist, weil dich das Leben manchmal ernsthaft fordert, brauchst du eine gut gefüllte Schale der Selbstfürsorge, aus der du bei Bedarf schöpfen kannst. Wäre ich insgesamt vollkommen ausgebrannt, dann würden mir diese Fahrt und das Hörbuch auch nichts nutzen. Weil ich aber gelernt habe, immer dann, wenn Raum dafür da ist, gut für mich zu sorgen, habe ich noch ein paar Kraftreserven. Es fühlt sich an, als wäre ich total erledigt, aber das stimmt nicht. Ich bin es nur zum Glück nicht mehr gewohnt, mich so überfordert zu fühlen, deshalb ist es ein äußerst unangenehmer Zustand geworden. Das ist eine gute Nachricht. Früher bin ich immer so herumgelaufen, ständig knapp vor dem Burn-out. Zweimal hat er mich auch erwischt, das ist nun einmal die Krankheit der Co-Abhängigen.

Nähre dich dreimal selbst, sagen die Schamanen: das erste Mal für dich, das zweite Mal für deine Reserve, das dritte Mal, damit du etwas zum Weitergeben hast. Das, was ich zum Weitergeben habe, habe ich aufgebraucht, das spüre ich, ich muss an meine Reserven gehen. Aber ich bin noch lange nicht an dem Punkt, auch das, was ich für mich selbst brauche, herzugeben, und das ist neu.

Hier für dich zur Beruhigung eine Unterscheidung zwischen Egoismus und gesunder Selbstfürsorge.

In der gesunden Selbstfürsorge versorgst du dich gut und sorgst auch für eine Reserve. Warum? Damit du nicht allzu schnell von anderen abhängig wirst. Denn wenn du nichts mehr hast, müssen dir andere etwas geben und für dich sorgen. Du sorgst also für dich und damit auch für andere, indem du gut auf dich achtest und eine Energiereserve behältst. Das, was du übrig hast, gibst du von Herzen gerne weiter – aber nur das. (Außer natürlich, es ist wirklich Not am Mann. Aber das darf kein Dauerzustand sein.)

Du hast ein gutes Gespür für das, was du für dich selbst brauchst, und du scheust dich nicht, dich gut zu nähren – mal brauchst du weniger, mal mehr. Deshalb die Energiereserve. Für die Tage, an denen du dich intensiver als sonst um dich kümmern musst, weil das Leben dich fordert oder dir gar Schicksalsschläge zumutet. Pferde sind da ein perfektes Vorbild: Sie halten immer eine Energiereserve zurück. Deshalb erscheinen manche Pferde als faul. Aber sie wissen eben nie, ob sie nicht heute noch vor einem Angreifer um ihr Leben galoppieren müssen und dann all ihre Kräfte brauchen. Sie sorgen gut für sich und verschleißen sich nicht sinnlos, nur um zu gefallen. Immerhin leben sie seit vielen Millionen Jahren auf der Erde. Irgendetwas machen sie wohl richtig. Katzen auch. Sie dösen und schonen ihre Kräfte, damit ihnen diese zur Verfügung stehen, wenn sie jagen

müssen. Es ist im System eines jeden Lebewesens angelegt, mit den eigenen Kräften hauszuhalten.

Im Egoismus nährst du dich selbst auch gut. Aber du gibst auch das nicht weiter, was du übrig hast. Warum nicht? Weil einer, der egoistisch ist, eben nicht glaubt, dass er jemals etwas übrig haben könnte. Er ist so voller Angst, dass er nie genügend versorgt wird, so sehr im Mangel, so voller Sorge, dass er, in welcher Hinsicht auch immer, verhungern könnte, dass er einfach nie das Gefühl bekommt, er hätte etwas zu geben. Dieses Gefühl, etwas übrig zu haben, ist sehr subjektiv. Bist du emotional gesund, dann weißt du, was du brauchst, und auch, was du geben kannst. Bist du es nicht, dann hast du nie genug, so einfach ist das.

Und dann gibt es noch das (gefühlte) Gegenteil vom Egoismus: die Co-Abhängigkeit. In der Co-Abhängigkeit gibst du auch das weiter, was du für dich selbst brauchst, und richtest dich im Verhungern ein. Du nährst dich nur gerade eben so und gibst auf der Stelle das weiter, was dir als Überfluss erscheint. Du bist darauf gedrillt, alles, was du hast, als Überfluss zu betrachten und nichts zu brauchen. Doch du spürst, wenn du ehrlich bist, dass du sehr bedürftig bist. Du gibst dennoch auch das weiter, was du für dich selbst benötigst. Das klingt altruistisch, ist es aber nicht. Du willst dafür eine Menge zurückhaben, doch, doch: das Gefühl, geliebt und gebraucht zu werden. Co-Abhängige haben sehr unbewusste und dunkle Kanäle, mit denen sie das, was sie sichtbar so scheinbar freimütig und selbstlos geben, unterschwellig zurückfordern. Unterdrückter Groll und das Gefühl, ständig ausgenutzt zu werden, zu gut für diese Welt zu sein, sind die Symptome.

Erlaube mir also, dir die wichtigste deiner inneren Schalen vorzustellen: die für dich selbst. Die Schale, in der du deine eigene Schwingung, deine eigenen Wünsche, Träume und dein Gefühl dafür, wer du ganz tief in dir bist, hütest und nährst. Vielleicht vernachlässigst du diese Schale, möglicherweise kennst du sie auch gar nicht. Weibliche Selbstfürsorge bedeutet nicht nur, dass du tolle Dinge für dich tust, dich mit wertvollen Kosmetika pflegst oder dir ein Wellnesswochenende schenkst.

Es gibt ein Inuit-Märchen, in dem es um eine Seehundfrau geht, die in einer Vollmondnacht an Land kommt, ihr Fell abstreift und zu einer wunderschönen Frau wird. Ein alter Fischer, der sehr einsam ist, sieht sie und versteckt ihr Seehundfell, damit sie Mensch bleiben muss. Sie bleibt bei ihm, stellt ihm jedoch eine Bedingung: Er muss ihr nach sieben Jahren das Fell zurückgeben, damit sie wieder ins Meer zurückkehren kann. Sonst stirbt sie. Die beiden bekommen ein Kind, und als die sieben Jahre um sind, wird die Haut der Mutter grau, sie wird traurig, ihre Augen werden stumpf. Der Fischer will sie nicht gehen lassen, doch das Kind findet ihr Seehundfell in einer Kiste, die mit einem Schloss versehen ist. Wie das Kind die Kiste aufbekommt, sei dahingestellt – es gibt der Mutter ihr Seehundfell zurück, und sie verschwindet in den Fluten des Meeres. Der Fischer bekommt sie nie wieder zu Gesicht, doch ihr Kind braucht nur zu rufen, dann taucht sie auf.

Die Seehundfrau, die kennst du in dir. Und den Fischer auch: Er ist dieser ewige innere Antreiber, der dich davon abhält, in die Weiten des Meeres abzutauchen und dich selbst im Fließen auszuruhen und neu zu sammeln. Es gibt immer noch irgendetwas zu tun, jemanden zu versorgen, ja, manchmal kommt es einem so vor, als suche man

sich geradezu Aufgaben, um ja nicht zur eigenen Ursprünglichkeit und Wildnatur zurückkehren zu müssen. Zum Glück gibt es dieses Kind, du kannst es getrost dein Inneres Kind nennen, das von der Seehundhaut weiß und sie für dich sucht. Annehmen und nutzen musst du sie allerdings bewusst.

Dazu ein Beispiel:

Ich wollte dieses Kapitel über Selbstfürsorge an einem ganz besonderen Ort schreiben: Es ist ein großer Schreibtisch in einem Hotelzimmer an der Ostsee. Ich schaue auf das Meer, habe Platz und Zeit, weil keiner da ist, der meine Aufmerksamkeit in Anspruch nimmt. Ich erlaube den Menschen und Tieren in meiner nahen Umgebung, mich sehr zu beanspruchen, das ist völlig in Ordnung so, aber gerade deshalb brauche ich manchmal Auszeiten. Ich habe mich unendlich auf diesen Schreibtisch und den Blick auf das Meer gefreut, weil in den letzten Monaten sehr viel los war, innen und außen. Ich hielt mich geradezu an diesem Moment fest, in dem ich end-

lich den Laptop auf diesen Schreibtisch stelle, das Fenster öffne und meine Ruhe im Schreiben finde. Gerade weil ich wusste, dass dieser Moment kommt, konnte ich einiges mehr bewerkstelligen, als ich sonst geschafft hätte. Das Hotelzimmer, diese Zeit mit mir … das war mein Anker.

Gestern (ich schreibe meine Bücher nicht in einem Stück, lasse dich nicht von den Zeitangaben verwirren) kam ich in diesem wunderschönen Hotel an, und alles in mir schrie danach, dieses Gefühl am Schreibtisch zu erleben, diese besondere Art von Ruhe, von Angekommen-Sein, die ich immer wieder brauche. Ich kann sie auch zu Hause haben, inmitten meiner Tiere, aber da fühlt es sich anders an. Es ging wirklich um genau diese besondere Färbung, diese besondere Schwingung am Meer. Nun, was soll ich sagen: Ich bekam ein anderes Zimmer, viel größer, viel schöner. Aber eben nicht dieses eine, das ich wollte. »Stelle dich nicht so an«, sagte ich mir, »geht´s noch, du bist in einem traumhaften Hotel, das Meer ist vor der Tür, wie zickig willst du denn bitte sein?« Ernsthaft, kann man auf höherem Niveau jammern als darüber, nicht dieses eine besondere Zimmer zu bekommen, sondern stattdessen eine Suite mit Balkon? Du kannst meine Reaktion für völlig überzogen halten, und das mag auch richtig sein. Doch wenn du wüsstest, wie alles in mir zusammenbrach, dann würdest du noch einmal darüber nachdenken, ob das wirklich stimmt. Mir war zum Heulen, ernsthaft. Ich wusste gar nicht, was mit mir los war, wie sehr ich auf dieses besondere Gefühl an diesem Schreibtisch gebaut hatte – wie sehr ich diesen Raum brauchte. Nicht den Schreibtisch, nicht die Ostsee, sondern das Gefühl in mir.

War dieses Gefühl abhängig von diesem Hotelzimmer? Konnte ich es nicht auch anders erzeugen? Möglicherweise. Doch warum sollte ich nicht versuchen, das andere Zimmer zu bekommen, und das

Problem im Außen angehen? Es war ja da. Und es gab auch eine Lösung. Ich habe einfach gesagt, was mit mir ist, und um ebendiese Lösung gebeten, erst meine Engel und geistigen Helfer, dann die äußerst nette Rezeptionistin. Morgen wird mein Wunschzimmer frei, und dann werde ich dorthin umziehen.

Das klingt wirklich albern. Doch so ist das mit dem eigenen inneren Raum. Es ist ein emotionaler Raum, und er ist nicht verhandelbar. Wenn du in dein besonderes Meer abtauchen musst, dann musst du das eben tun, und du darfst dafür alle Hebel in Bewegung setzen. Selten habe ich mich so zickig gefühlt wie gestern bei meinem Auftritt an der Rezeption. Ich befürchte, ich habe sogar den Ausdruck »Künstlerseele« verwendet, alberner geht's ja kaum noch. Aber ich habe mich auch nur sehr selten dermaßen verletzlich und dünnhäutig gefühlt, wirklich bedürftig nach einem Raum der Ruhe.

Was hätte ich gemacht, wäre das Zimmer gar nicht verfügbar gewesen? Ich hätte darauf bestanden und dann auch darauf vertraut, dass es eine Lösung gibt. Nicht unbedingt im Außen, sondern im Innen. Ich hätte meine Schutzengel und all meine inneren Kräfte aktiviert, damit ich auf andere Weise genau das bekomme, was ich brauche, auch wenn es im Außen nicht verfügbar ist.

Doch ich aktiviere meine inneren Kräfte erst dann ernsthaft, wenn ich nach innerer Vorbereitung im Außen alles getan habe, um die Situation zu regeln. Warum? Weil ich dem Außen eine Chance geben will und weil es wichtig ist, dass ich alles für mich selbst tue, was möglich ist, auch wenn ich dadurch komisch und unbequem, vielleicht sogar nervig bin. Gerade weil ich das in wichtigen Situationen für mich tue, kann ich viele andere und weniger wichtige Situationen einfach sein lassen, wie sie sind, und mich in dem einrichten, was möglich ist.

Was meine ich mit »wichtig« und »weniger wichtig«? Hier in meinem Hotelzimmer geht es um genau das Gefühl, das ich brauche und auf das ich mich freute, deshalb bin ich hergefahren, dafür zahle ich Geld und betreibe einen ziemlichen logistischen Aufwand, damit meine Tiere, meine Menschen, der Garten und das Haus versorgt sind und ich wegfahren kann. Und weil ich genau wegen dieses Gefühls hier bin, muss ich alles dafür tun, um es zu bekommen. Buche ich eine Ausbildung, ist es mir relativ egal, ob ich bequem sitze oder eine schöne Aussicht habe, dann will ich einen guten Lehrer, den ich mit meinen Fragen löchern kann und der mir seine Inhalte bereitwillig vermittelt. Verstehst du? Die Absicht, die ich habe, ist entscheidend dafür, wofür ich mich einsetze. Deshalb ist es sinnvoll, deine wahren Absichten und Wünsche zu kennen, damit du für ihre Erfüllung sorgen kannst.

»Die hat einen Knall«, sagst du vielleicht, »ich wäre schon froh, wenn ich eine Bruchbude am Meer finden würde, die ich bezahlen könnte.« Natürlich hast du recht. Aber ich bin sicher, dass auch du bestimmte Orte hast, die du mit dem ganz innigen Gefühl des Bei-sich-Seins und dem inneren Zustand von Fülle und Frieden verbindest. Was ich dir nur sagen will: Setze alles daran, da so oft wie möglich, mindestens aber so oft wie dringend nötig, hinzukommen.

Übrigens, ich kann noch einen draufsetzen, damit du endgültig denkst, ich hätte sie nicht alle: Wenn ich mich wirklich, wirklich fühlen will, in meiner vollen Kraft stehen möchte, dann muss ich nach Kalifornien reisen, nach Big Sur an die Küste. Da bin ich auf eine Weise bei mir, die ich sonst nicht kenne, ich weine vor Glück, so sehr spüre ich mich dort. Das hat mich völlig überrascht, als ich 1995 zum ersten Mal dort war, ich konnte es kaum ertragen, wieder wegzufahren.
Warum ist das so? Jeder Ort hat eine bestimmte Schwingung, die sogenannte Schumann-Frequenz. Die Hypophyse passt sich der Schwingung des jeweiligen Ortes an, das fühlt sich gut an oder weniger gut, egal, wie schön ein Ort ist. Und wenn ein Ort mit deiner Hypophyse gleich schwingt, dann kommst du bei dir an, wenn du dort bist. »Kann es nicht einfach ein Felsen im Odenwald sein?«, frage ich mich manchmal, aber so ist es eben. Alle paar Jahre muss ich da hin, und ich tue alles, um mir das zu ermöglichen.

Was heißt das für die Schale und für dich? Lerne sie erst einmal kennen, die Schale, in der du dich selbst hütest und nährst. Sie sieht vielleicht ganz anders aus, als du es erwartest.

Innere Reise:
Deine Weiblichkeit erwecken

Setze oder lege dich bequem hin. Es gibt nun nichts mehr für dich zu tun. Du darfst loslassen, sein, wie du gerade bist. Dein Atem darf kommen und gehen, wie es ihm gefällt, dein Körper, deine Gefühle und Gedanken dürfen sein, wie sie gerade sind. Du brauchst niemandem zu gefallen, du tust das ganz allein für dich. Du erlaubst nun der Außenwelt, sich für eine Weile ohne dich weiterzudrehen, und richtest deine Aufmerksamkeit in dich hinein, auf deine Innenwelt. Es ist so wichtig, nach innen zu lauschen und dich selbst wahrzunehmen. Hier findest du die Kraft, mit der du in der Welt Dinge in Bewegung setzen kannst. Dein Körper seufzt vielleicht wohlig auf. Alles an dir darf sein, wie es ist, mit allen Empfindungen, die in dir leben, allen Wünschen und Träumen, die durch dich gelebt werden wollen. Dein Atem wird ein wenig ruhiger und tiefer. Möglicherweise fühlst du deinen Körper nicht mehr richtig, und er wird sehr schwer oder ganz leicht. Deine Gedanken ziehen an dir vorbei wie Wolken am Himmel, sie dürfen da sein, aber du lässt sie vorüberziehen. Du nimmst deine Gefühle wahr, auch sie gleiten an dir ab. Du sinkst immer tiefer in dich selbst hinein, dein Atem wird entspannter, du kommst in deinem innersten Selbst an.

Du bittest deine unverletzte urweibliche Kraft zu dir. Sie kann sich als Göttin zeigen, Aphrodite, Isis oder Diana, die Göttin der Jagd, vielleicht auch als Mutter Erde oder eine wilde Frau. Auch wenn du sie womöglich noch nie gespürt hast, fühlt sie sich dennoch seltsam vertraut an. Tief in dir weißt du genau, zu wem du gehörst. Erlaube nun dieser Kraft, sich dir zu zeigen oder spürbar zu werden. Sie heißt dich willkommen in der Welt der weiblichen Urkraft. Nach und nach oder ganz plötzlich lässt du deine Kontrolle über all das Verdrängte, nicht Gelebte, in dir los. Sie bittet dich um die Waffen und Werkzeuge, die du auf der Erde benutzt und eingesetzt hast, um dir Liebe zu erkämpfen. Erleichtert gibst du ihr alles, was du mit dir herumträgst: Eventuell ist es ein schwerer Mantel, ein Rucksack mit Gerümpel, möglicherweise trägst du einen Keuschheitsgürtel oder Kleidung, die du als Werkzeug gebraucht hast. Vielleicht aber hast du dir auch einen schwarzen Schleier vor das Gesicht gezogen, versteckst deine wahre Kraft, dein Frausein. Egal, auf welche Weise du dich verbirgst oder anstrengst, du darfst nun damit aufhören. Deine weibliche Urkraft in Gestalt einer Göttin oder Weisen nimmt dir alles ab, was du nicht mehr brauchst, und führt dich dann in einen Tempel.

Wunderschöne Wesen, die Hüterinnen deiner weiblichen Kraft, nehmen dich in Empfang, führen dich in ein weiches, warmes Bad. Hier ruhst du dich aus, das Wasser spült alles aus dir heraus, was alt und verbraucht ist, es schafft Platz für das Neue, Göttliche, für deine weibliche Kraft. Du verstehst, wie verzweifelt du bislang versucht hast, dich selbst zu spüren, welche Mittel du angewandt hast, um deine weibliche Energie wahrzunehmen – und wie wenig diese Kraft mit echter Weiblichkeit zu tun hatte. Du bleibst so lange in dem warmen Wasser liegen, bis du das Gefühl hast, genährt und versorgt zu werden, erfüllt und in tiefem Frieden zu sein. Die Energien fließen besonders in dein Becken, erfüllen dich dort. Du bemerkst wieder, dass es in deinem Becken eine große Schale gibt. Das warme Heilwasser durchspült dich und reinigt diese innere Schale, heilt sie, damit sie dir als Symbol für deine nährende, Leben spendende Kraft gesund und strahlend zur Verfügung steht. Hier im Becken hütest und nährst du das Leben, deine Wünsche, deine Träume, eben alles, was durch dich zur Erde kommen will. Du fühlst dich ganz und gar weiblich, voller Kraft und Schönheit, unabhängig von der Anerkennung anderer, ganz und gar du selbst. Bleibe so lange liegen, wie es sich für dich gut anfühlt, bis du satt bist.

Nun steigst du aus dem Bad. Du wirst abgetrocknet und bekommst ein wunderschönes Gewand. Es symbolisiert pure Liebe und deine ureigene weibliche Kraft. Während du es anziehst, fühlst du dich geschützt und bestärkt in dem, was du in Wahrheit bist, was durch dich leben möchte.

Komme dann in deiner Zeit in den Raum zurück, in dem du dich befindest, und nähre dich von nun an regelmäßig im Bad der Weiblichkeit.

Nimm dir ein paar Tage Zeit, nein, keine Sorge, nicht am Stück, obwohl dir das sicher auch einmal gut bekäme … Mache dir die Mühe herauszufinden, was dich wirklich nährt und was du tun würdest, wenn niemand zusähe und du nichts leisten müsstest. Schreibe eine Liste deiner persönlichen Fülle. Meine sieht in völlig willkürlicher Reihenfolge so aus:

- keine Termine und vor allem keinen Zeitdruck haben

- den ganzen Tag einfach tun dürfen, was ich will, meinen Gedanken und Gefühlen nachhängen (in der Zeit kann ich durchaus Fußböden putzen, schreiben und Wäsche waschen, aber dann, wenn ich den Impuls dazu habe, nicht, weil es getan werden muss)

- auf gar keinen Fall für jemanden sorgen müssen, am besten nicht einmal mit jemandem reden

- in einem liebevoll eingerichteten Dekoladen stöbern

- am Meer sitzen, solange ich will

- in einer harmonischen Umgebung lesen, solange ich will

- mich im Garten um meine Blumen kümmern oder mich unter meine selbst gepflanzte Trauerweide setzen

- kochen, aber nur, weil ich es gerade will

- Schöner-wohnen-Momente: Äpfel vom Baum pflücken und einen Kuchen backen – weil ich es will

- nach Heidelberg, meine Geburtsstadt, fahren und einfach umherschlendern – alleine und nur, wenn nicht so viele Leute unterwegs sind

- mit meinem Pferd auf der Koppel herumlungern

Da gibt es noch sehr vieles, aber eines haben all diese Punkte gemeinsam: Sie finden in einer harmonischen Umgebung statt, wo mich keiner stört, nicht einmal auf eine positive Weise. Weil ich sonst sofort beim anderen bin und nicht mehr ganz bei mir!

Ich frage mich gerade, ob auf dieser Liste nicht »Reiten«, »Tanzen«, »Wellness« und so weiter stehen müssten. Nein. Nicht auf dieser. Das

Reiten und das Tanzen stehen ganz oben, wenn es um Lebensfreude geht. (Wobei Reiten noch immer eine Herausforderung darstellt und mich deshalb nicht wirklich entspannt. Beglückt, entzückt, beseelt, ja, aber nicht entspannt.) Doch hier geht es um meine innere Frau, und die braucht Harmonie und Raum für sich. Emotionale Weite. Zeit, sich selbst zu spüren, ohne Aktivitäten. Und wenn sie aktiv wird, dann nur, um den Raum zu verschönern, siehe Blumen und Kuchen. Aktiv zu sein, Reiten, Tanzen, ist Feuer, ist Ausdruck, ist männlich. Ganz wichtig. Aber nicht für mein innerstes Weibliches. Das muss und will fließen, vor sich hinträumen, sich öffnen und sich hingeben. Nicht tun, sondern sein.

Meine innere Frau braucht einen Raum, in dem ihre Emotionen zur Ruhe kommen können, weil sie nur sich selbst fühlt, in aller Ruhe in Gleichklang mit sich selbst kommen kann. Einen Raum, in dem sie gänzlich ungestört spüren kann, ob das, was sie nährt, überhaupt noch stimmig ist. Und ob sie sich von etwas Neuem befruchten lassen will.

Diese Impulse kommen von ganz allein, wenn ich mit mir alleine bin und nichts zu leisten habe. Dann spricht auf einmal mein Schoßraum zu mir, ich weiß plötzlich wieder, was mir heilig ist und was sich nicht ganz stimmig anfühlt. Ich habe gelernt, ihm zuzuhören, aber das geht nur dann ohne bewusste Meditation, wenn ich wirklich Raum und Zeit für mich habe.

Es ist wie ein Freundinnentreffen mit mir selbst, ohne dass ich etwas von mir will. Ich nötige mich nicht, etwas zu spüren oder irgendwelche Antworten auf Fragen in mir zu finden. Ich erlaube mir einfach, mit mir zu sein und zu tun oder zu lassen, wonach mir ist.

Alleine zu sein ist mir dabei ganz wichtig, beinahe schon heilig. Ich werde oft gefragt, wie man lernen kann, sich so abzugrenzen, dass es einen nicht mehr beeinflusst, wenn andere mit im Raum sind. Nun, ich kann dir dazu nichts sagen. Wenn andere mit im Raum sind, dann vernehme ich deren Melodie, selbst wenn sie gar nichts von mir wollen. Mich abzugrenzen ist schon wieder eine bewusste Entscheidung, es ist Arbeit.

Damit ich mich wirklich entspanne und mich selbst nähre, brauche ich ungestörte Zeit mit mir selbst. Das halte ich für völlig legitim. Ich muss nicht lernen, vollkommen »bei mir zu bleiben«, wenn andere im Raum sind, ich habe es lange geübt, ich kann es ganz gut. Doch, wie gesagt, es kostet mich Kraft. Ich darf etwas ganz anderes lernen, nämlich dafür zu sorgen, dass ich mit mir selbst alleine bin. Ich darf lernen, nicht verfügbar zu sein, auch kein Handy dabeizuhaben, sondern einfach mit mir selbst zu sein, ohne dass ich gleich meine, die Welt breche zusammen. Manchmal geht das, manchmal nicht. Denn manchmal bricht sie tatsächlich zusammen, wenn ich nicht da bin, weil ich Verantwortung für die Fürsorge anderer übernommen habe.

Gerade wenn du Verantwortung für andere trägst, für Kinder, Tiere, bedürftige Menschen in deiner Umgebung, ist es umso wichtiger, dass du diese Verantwortung nicht alleine tragen musst. »Ich bin alleinerziehende Mutter, was redest du da bloß?«, sagst du vielleicht, und du hast recht. Natürlich hast du das. Dennoch, liebe Freundin, stimmt es. Du hast mein volles Mitgefühl, wenn du keinen Raum für dich hast, wirklich. Gerade deshalb ist es umso wichtiger, dass du dir darüber bewusst bist, dass du ihn brauchst.

Warum? Weil dein Schoßraum Schöpferkraft besitzt. Und immer dann, wenn du etwas in dir ernst nimmst und das Leben aufforderst, eine Lösung für dich zu finden, erschaffst du dir deine Wirklichkeit neu. Du brauchst nicht zu wissen, wie diese Lösung aussieht, du musst sie dir nicht einmal vorstellen können. Doch du darfst darauf bestehen, dass dir das Leben eine erschafft. Das Leben liebt es, Herausforderungen zu meistern und sich zu entfalten, es tut ja den ganzen Tag nichts anderes.

Deine innere Frau kann selbstverständlich auch etwas völlig anderes brauchen, je nachdem, in welcher Weise du dich üblicherweise selbst ausbeutest oder einfach gefordert wirst. Mache dir die Mühe, finde es heraus. Nimm es ernst. Du kennst diese Sehnsucht nach dir selbst, da bin ich mir vollkommen sicher. Bestehe auf Erfüllung. Und dann erschaffe sie dir, indem du die Lösung dem Leben überlässt.

Wie? Lege einen Zettel mit dem, was du verwirklichen willst, in deine Schale! Damit gibst du dem Leben und auch dir selbst ein klares Signal – beim Aufschreiben nimmst du es ernst. Du bestehst darauf. Und damit hast du schon gewonnen.

Notizen

Grenzen setzen – aber wie?

Natürlich ist das nicht immer einfach. Denn wenn du deinen Raum hüten willst, dann bedeutet das auch, dass du andere in diesem Moment nicht teilhaben lässt. Du grenzt dich ab, ja, du weist andere sogar zurück.

Das läuft nicht immer harmonisch ab und bringt dich vielleicht in Schwierigkeiten.

Ein Beispiel:

Heute Morgen ging ich zur Akupunktur, die meinen Körper, wie sie es ja auch darf, ganz schön aufwühlt. Gestern Abend kam ich von Berlin heim, und letztes Wochenende habe ich ein Seminar gegeben. Ich sehnte mich nach Zeit mit mir allein, damit ich dieses Buch weiterschreiben kann, in den letzten Tagen war ich nicht dazu gekommen.

Ich brauche, um zu schreiben, das Haus für mich alleine, zumindest dann, wenn ich sehr belastet bin – damit ich mich, und nur mich, spüre. Wenn andere hier sind, dann kann es jederzeit sein, dass ich angesprochen und damit aus meinen Gedanken gerissen werde, ich bin also nicht ganz so offen, wie ich das sein kann, wenn ich hier wirklich ungestörte Zeit habe. Ich kam also heim, formulierte im Kopf schon die ersten Sätze – und sah ein Auto im Hof stehen, das Auto eines weiblichen Familienmitgliedes, das hier nicht wohnt, aber einen Schlüssel hat und oft da ist. Normalerweise weiß ich, wann sie kommt, dann stelle ich mich darauf ein. Ich ging ins Haus, grüßte und fragte sie, wie lange sie bleiben würde, denn wenn sie vormittags da war, dann meistens, um etwas zu holen, was sie vergessen hatte, oder um etwas auszudrucken. Gerade am Tag zuvor hatten wir darüber geredet, wie sehr ich mich darauf freute, einmal wieder das Haus für mich alleine zu haben, zumindest für ein paar Stunden zum Schreiben, und sie hatte es verstanden, deshalb kam ich gar nicht auf die Idee, sie könnte sich abgelehnt fühlen. Wusste sie doch, dass ich arbeiten wollte. Mein Arbeitsplatz ist für alle offen und sichtbar, ich habe kein abgeschlossenes Zimmer. Das ist auch völlig in Ordnung so, ich könnte es ändern, doch ich bin, wenn ich tagsüber alleine bin, sehr gerne im Herz des Hauses, inmitten der Tiere.

Hui, fühlte sie sich durch meine Frage persönlich getroffen! Damit hatte ich nicht gerechnet, wirklich nicht. Hätte ich sie sonst nicht

oder anders gestellt? Ich weiß es nicht, ich brauche wirklich gerade Zeit für mich. Jetzt verbringe ich den Tag damit zu erklären, was ich gemeint habe, dass es nicht um sie ging, und damit, ihre Angriffe abzuwehren. Letztlich nimmt mir das erst recht den Raum.

Was macht man da? Wenn du dich abgrenzen willst und musst und dann den Ärger mit demjenigen am Hals hast, von dem du dich in diesem Moment distanzieren willst? Wie geht man damit um?

Zunächst einmal nehme ich wahr, wie gut das zu dem passt, was ich gerade schreibe. Dass es eben nicht immer harmonisch abläuft – denn um deinen Raum stressfrei zu wahren, brauchst du eine Umgebung, die ihn auch fraglos und ohne ihre eigenen Emotionen auf dich zu projizieren respektiert. Ich frage mich, wie gut ich selbst damit klarkomme, wenn sich jemand von mir abgrenzt – ich schaue also in den emotionalen Spiegel und überprüfe mich.

Und dann spüre ich in meine Schale hinein. In welche? Einfach in meine Schale, ich unterscheide sie nicht ausdrücklich, wenn ich etwas für mich brauche. Weil ich ja vorher nicht wissen kann, welche überhaupt zuständig ist. Vielleicht geht es um ein völlig anderes Thema, als ich glaube.

Meine Schale sagt zu der emotionalen Aufregung, die in mir brodelt (Wie kann sie denn nicht wissen, dass ich Raum brauche? Das hier ist mein Haus! Ich bezahle es immerhin, eben damit ich schreiben kann …): »Komme erst einmal wieder runter. Das hat alles nichts mit dir zu tun, sondern mit ihr, sie fühlt sich gerade schnell abgelehnt.« »Ja aber!«, schreit es in mir, doch ich höre weiter zu.

»Komme zur Ruhe. Es ist alles gut. Das ist nicht deine Baustelle«, sagt sie, und sie hat recht. Wenn das meine Emotionen nur auch so sehen würden … Doch ich kann mich in die Schale hineinsinken lassen und einfach bei mir bleiben, obwohl ich es wirklich nicht gut verkrafte, wenn es Unstimmigkeiten gibt.

Ich beruhige mich, zumindest ein wenig, doch es fällt mir schwer. Dafür kann aber die Schale nichts – ich habe nun einmal auch andere Anteile, und wir haben eine Geschichte, dieses Familienmitglied und ich. Ich frage mich, wozu es dient, dass sie gerade jetzt hier war, und ich erkenne es.

»Erlaube dir zu fühlen, was du fühlst«, sagt es in meiner Schale, und ich bekomme Angst. Ich erkenne, dass ich meine Gefühle in Bezug auf sie sehr kontrolliere, damit es keinen Ärger gibt. Doch jetzt will ich sie ungefiltert und ungeschönt fühlen. Und Konsequenzen ziehen, wenn nötig. Ich bekomme richtig Herzklopfen, und das finde ich jetzt wirklich interessant. Wow, denke ich, jetzt bin ich gespannt, was da kommt, egal was, ich fühle es einfach.

Eine Welle von Ärger, Wut, Angst, Schmerz, Ohnmacht und einigem anderen überrollt mich, ich atme – und dann hört die Welle wieder auf. Ich erinnere mich an den Humor, den sie hat, und ich spüre Wärme im Herzen. Es stimmt einfach beides, ich kann sie manchmal kaum ertragen, wie sie mich auch nicht, doch in Wahrheit mag ich sie wirklich und bin meistens auch gerne mit ihr zusammen. Und so ist das. Was du in dir vermeidest, bauscht sich auf. Durch die Vermeidung wird es viel schlimmer, als es sein müsste. Die Gefühle kommen, überrollen dich, wenn du es erlaubst, du atmest weiter, und dann gehen sie auch wieder – kein Grund zu reagieren. Die Schale weiß das. Sie reagiert nur, wenn es nötig ist, nicht weil irgendwelche emotionalen Wellen sich wichtigmachen.

• •

Notizen

Wie funktioniert das Hüten und Nähren?

Ein wunderbares Märchen, das sehr schön zeigt, wie sich weibliche Hingabe anfühlt, ist das Märchen »Frau Holle« von den Brüdern Grimm.

Eine Witwe hatte zwei Töchter, davon war die eine schön und fleißig, die andere hässlich und faul. Sie hatte aber die hässliche und faule, weil sie ihre rechte Tochter war, viel lieber, und die andere musste alle Arbeit tun und das Aschenputtel im Hause sein. Das arme Mädchen musste sich täglich auf die große Straße bei einem Brunnen setzen und musste so viel spinnen, dass ihm das Blut aus den Fingern sprang. Nun trug es sich zu, dass die Spule einmal ganz blutig war, da bückte es sich damit in den Brunnen und wollte sie abwaschen; sie sprang ihm aber aus der Hand und fiel hinab. Es weinte, lief zur Stiefmutter und erzählte ihr das Unglück. Sie schalt es aber so heftig und war so unbarmherzig, dass sie sprach: »Hast du die Spule hinunterfallen lassen, so hol sie auch wieder herauf.« Da ging das Mädchen zu dem Brunnen zurück und wusste nicht, was es anfangen sollte; und in seiner Herzensangst sprang es in den Brunnen hinein, um die Spule zu holen. Es verlor die Besinnung, und als es erwachte und wieder zu sich selber kam, war es auf einer schönen Wiese, wo die Sonne schien und vieltausend Blumen standen. Auf dieser Wiese ging es fort und kam zu einem Backofen, der war voller Brot; das Brot aber rief: »Ach, zieh mich raus, zieh mich raus, sonst verbrenn ich: ich bin schon längst ausgebacken.« Da trat es herzu und holte mit dem Brotschieber alles nacheinander heraus. Danach ging es weiter und kam zu einem Baum, der hing voll Äpfel und rief ihm zu: »Ach, schüttel mich, schüttel mich, wir Äpfel sind alle miteinander reif.« Da schüttelte es den Baum, dass die Äpfel fielen, als regneten sie, und schüttelte, bis keiner mehr oben war; und als es alle in einen Haufen zusammengelegt hatte, ging es wieder weiter. Endlich kam es zu einem kleinen Haus, daraus guckte eine alte Frau, weil sie aber so große Zähne hatte, ward ihm angst, und es wollte fortlaufen. Die alte Frau aber rief ihm nach: »Was fürchtest du dich, liebes Kind? Bleib bei mir, wenn du alle Arbeit im Hause ordentlich tun willst, so soll dir's gut gehn. Du musst nur achtgeben, dass du mein Bett gut machst und es fleißig aufschüttelst, dass die Federn fliegen, dann schneit es in der Welt; ich bin die Frau Holle.« Weil die Alte ihm so gut zusprach, so fasste sich das Mädchen ein Herz, willigte ein und begab sich in ihren Dienst. Es besorgte auch alles nach ihrer Zufriedenheit und schüttelte ihr das Bett immer gewaltig, auf dass die Federn wie Schneeflocken umherflogen; dafür hatte es auch ein gut Leben bei ihr, kein böses Wort und alle Tage Gesottenes und Gebratenes. Nun war es eine Zeit lang bei der Frau Holle, da ward es traurig und wusste anfangs selbst nicht, was ihm fehlte, endlich merkte es, dass es Heimweh war; ob es ihm hier gleich vieltausendmal besser ging als zu Haus, so hatte es doch ein Verlangen dahin. Endlich sagte es zu ihr: »Ich habe den Jammer nach Haus gekriegt, und wenn es mir auch noch so gut hier unten geht, so kann ich doch nicht länger bleiben, ich muss wieder hinauf zu den Meinigen.« Die Frau Holle sagte: »Es gefällt mir, dass du wieder nach Haus verlangst, und weil du mir so treu gedient hast, so will ich dich selbst wieder hinaufbringen.« Sie nahm es darauf bei der Hand und führte es vor ein großes Tor. Das Tor ward aufgetan, und wie das Mädchen gerade darunter stand, fiel ein gewaltiger Goldregen, und alles Gold blieb an ihm hängen, sodass es über und über davon bedeckt war. »Das sollst du haben, weil du so fleißig gewesen bist«, sprach die Frau Holle und gab ihm auch die Spule wieder, die ihm in den Brunnen gefallen war.

Darauf ward das Tor verschlossen, und das Mädchen befand sich oben auf der Welt, nicht weit von seiner Mutter Haus; und als es in den Hof kam, saß der Hahn auf dem Brunnen und rief: »Kikeriki, unsere goldene Jungfrau ist wieder hie.«

Da ging es hinein zu seiner Mutter, und weil es so mit Gold bedeckt ankam, ward es von ihr und der Schwester gut aufgenommen. Das Mädchen erzählte alles, was ihm begegnet war, und als die Mutter hörte, wie es zu dem großen Reichtum gekommen war, wollte sie der andern, hässlichen und faulen Tochter gerne dasselbe Glück verschaffen. Sie musste sich an den Brunnen setzen und spinnen; und damit ihre Spule blutig ward, stach sie sich in die Finger und stieß sich die Hand in die Dornhecke. Dann warf sie die Spule in den Brunnen und sprang selber hinein. Sie kam, wie die andere, auf die schöne Wiese und ging auf demselben Pfade weiter. Als sie zu dem Backofen gelangte, schrie das Brot wieder: »Ach, zieh mich raus, zieh mich raus, sonst verbrenn ich, ich bin schon längst ausgebacken.«

Die Faule aber antwortete: »Da hätt ich Lust, mich schmutzig zu machen«, und ging fort. Bald kam sie zu dem Apfelbaum, der rief: »Ach, schüttel mich, schüttel mich, wir Äpfel sind alle miteinander reif.« Sie antwortete aber: »Du kommst mir recht, es könnte mir einer auf den Kopf fallen«, und ging damit weiter. Als sie vor der Frau Holle Haus kam, fürchtete sie sich nicht, weil sie von ihren großen Zähnen schon gehört hatte, und verdingte sich gleich zu ihr. Am ersten Tag tat sie sich Gewalt an, war fleißig und folgte der Frau Holle, wenn sie ihr etwas sagte, denn sie dachte an das viele Gold, das sie ihr schenken würde; am zweiten Tag aber fing sie schon an zu faulenzen, am dritten noch mehr, da wollte sie morgens gar nicht aufstehen. Sie machte auch der Frau Holle das Bett nicht, wie sich's gebührte, und schüttelte es nicht, dass die Federn aufflogen. Das ward die Frau Holle bald müde und sagte ihr den Dienst auf. Die Faule war das wohl zufrieden und meinte, nun würde der Goldregen kommen; die Frau Holle führte sie auch zu dem Tor, als sie aber darunterstand, ward statt des Goldes ein großer Kessel voll Pech ausgeschüttet. »Das ist zur Belohnung deiner Dienste«, sagte die Frau Holle und schloss das Tor zu. Da kam die Faule heim, aber sie war ganz mit Pech bedeckt, und der Hahn auf dem Brunnen, als er sie sah, rief: »Kikeriki, unsere schmutzige Jungfrau ist wieder hie.«
Das Pech aber blieb fest an ihr hängen und wollte, solange sie lebte, nicht abgehen.

»Was ist denn das für eine Geschichte?«, fragst du vielleicht. »Soll das heißen: Funktioniere, dann wirst du belohnt?« Natürlich nicht. Das erste Mädchen springt aus Not, weil sie etwas Wichtiges verloren hat, in einen Brunnen, das heißt, sie durchschreitet ein schamanisches Tor und betritt ihre Innenwelt. Das zweite Mädchen tut das auch, scheinbar aus völlig anderen Gründen – was aber letzten Endes keine

Rolle spielt. Sie bekommt die gleiche Chance. Was das Märchen nicht zeigt: Sie bekommt sie immer wieder. Sie könnte jederzeit in den Brunnen springen und sich dem Hingeben, was in ihr gebraucht wird.

Die Innenwelt beider ist wunderschön, doch sie hat auch Bedürfnisse: der Apfelbaum, der Holzofen, am Ende sogar Frau Holle, die möchte, dass die Mädchen für sie arbeiten. Worauf sich die beiden Mädchen verlassen können: Die Innenwelt meldet ihre Bedürfnisse deutlich an. Doch wie unterschiedlich reagieren sie auf das, was ihre innere Landschaft an Pflege braucht! Wie unterschiedlich gehen sie mit den Geschenken und Bedürfnissen um, die in ihrem jeweiligen Inneren herangewachsen sind: die reifen Äpfel, das fertig gebackene Brot. Frau Holle, die innere Ratgeberin, die die gesamte Innenwelt kennt und dafür sorgt, dass sie im Gleichgewicht bleibt, bietet beiden Mädchen eine Einweihung an: vollkommene Hingabe an die Bedürfnisse ihrer jeweiligen weiblichen Innenwelt. Sie dürfen lernen, sich selbst zu hüten, zu nähren und das zu tun, was ansteht, damit sie innerlich reich und gesund bleiben. Frau Holle hat große Zähne – wenn man sich ganz weit aus dem Interpretationsfenster lehnt, könnte man sagen: Zähne stehen für das Saturn-Prinzip, das Sich-Durchbeißen, das Durchhalten, auch dann, wenn es unbequem wird. Saturn ist der Hüter der Schwelle, er entscheidet, ob eine innere Aufgabe erledigt ist oder nicht – er ist der Prüfstein. Er fragt dich, wie ernst du es meinst, wenn du etwas willst, was du bereit bist, dafür einzusetzen. Er reduziert dich und deine Anliegen auf das Wesentliche. Aber, und das musste ich auch erst verstehen, er unterstützt dich in dem, was du tun willst! Er gibt dir Halt und Stabilität, wenn dein Verhalten und deine Absichten seinem kritischen Blick standhalten.

Ein Beispiel:

Du willst dir ein Kleid nähen, rosa mit Glitzer für dein Inneres Kind oder flammend rot, mit vielen Volants, weil du Tango tanzen willst. Früher dachte ich, Saturn als der gestrenge Herrscher will mir das ausreden und mich in ein praktisches Sackleinenkleid stecken. Heute weiß ich: Saturn hilft mir dabei, es richtig zu nähen, statt es schlampig zusammenzuflicken, es also so zu schneidern, dass es das

Spielen oder den wilden Tanz und auch die Wäsche danach übersteht. Er hält mich an, mir Mühe zu geben und das, worauf es ankommt, auch zu tun – sorgfältig Maß zu nehmen, die Nähte zu versäubern, kleine Stiche zu machen, vernünftigen Stoff zu nehmen, der nicht sofort reißt, zu schauen, ob der Glitzerstoff waschbar ist, und so weiter. Er reduziert mein Anliegen auf das Wesentliche – aber im Sinne des Anliegens. Er hilft mir, effektiv zu sein und meine Zeit nicht mit Halbheiten zu verschwenden, sondern lieber etwas mehr davon zu investieren, damit ich lange Spaß an dem Kleid habe.

Die Goldmarie antwortet auf die Frage, ob sie Frau Holle dienen will, mit Ja, die Pechmarie mit Nein.

Und so einfach ist es, die weibliche Energie zu beschreiben:
Sie ist das Ja. Sie ist die Hingabe an das,
was das Leben braucht, damit es gedeihen kann.
Auch dann, wenn es dir Mühe bereitet.

Goldmarie fragt sich nicht, ob sie Lust hat, den Baum zu schütteln, sie tut es einfach, weil es ansteht. Sie holt das Brot aus dem Ofen, weil es ansteht. Heißt das nun, du sollst dich nicht so anstellen, du sollst nicht zögern, sondern machen, was man dir sagt? Ja. Genau das. Aber nur das, was dein tiefes Inneres dir sagt! Und das ist der wesentliche Unterschied zum einfachen Funktionieren: Du überprüfst immer wieder, ob du in der richtigen Landschaft bist. Ob der Raum, den du hütest, auch der deinige ist oder ob sich andere heimlich oder offen an dir laben. Auch das darfst du erlauben, wenn du das willst. Aber du darfst es nicht ungefragt hinnehmen. Denn du verlierst die Lust daran, deine innere Landschaft zu pflegen und die Früchte zu ernten, wenn du am Ende nicht über das, was du erntest, verfügen kannst.

Was meine ich damit? Wenn du in deiner inneren Landschaft die Äpfel stapelst oder das Brot aus dem Ofen holst, dich dann aber ausplündern lässt, indem du anderen erlaubst, sich einfach zu nehmen, was sie wollen, dann wirst du müde und traurig.
Konkreter? Du hast den ganzen Morgen getan, was getan werden musste, hast alles versorgt und abgearbeitet, sei es in der Firma, in der Familie oder sonst wo. Du machst dir Mühe und bereitest dir ein Mittagessen zu, auf diese halbe Stunde Auszeit hast du hingearbeitet, und du freust sich darauf. Die halbe Stunde Pause ist, was du ernten kannst, weil du deine Aufgaben gut organisiert hast und dich am Vormittag nicht ablenken ließest. Gerade willst du dich hinsetzen und genüsslich den ersten Bissen nehmen, die Beine hochlegen und eine Zeitschrift aufschlagen, auf die du dich freust – da stürmt jemand in das Zimmer, setzt sich zu dir und beginnt, ohne zu fragen, dich vollzuquatschen. Wenn es nicht gerade ein Kind ist, dem du das ausdrücklich erlaubst, dann klaut dir jemand gerade deine inneren

Äpfel, das, was reif ist, weil du es gesät, gehegt, gepflegt und geerntet hast – deine Zeit mit dir.

»Was ist sonst neu?«, fragst du. »Das passiert doch ständig.« Kann sein. Wundert es dich dann, dass du so genervt bist, dass du traurig wirst und ständig müde bist?

Könnte die Goldmarie selbst die Äpfel verteidigen? Ich glaube nicht. Das ist nicht ihre Aufgabe. Das macht Frau Holle, die innere Herrscherin. Sie hat die Macht, diejenigen aus ihrem Reich zu entfernen, die da nicht hingehören. Und sie nährt diejenigen, die dem inneren Reich dienen. Du brauchst neben der inneren Goldmarie also auch eine starke innere Frau Holle! Frau Holle, das bist du selbst, das ist der Anteil in dir, der die volle Verantwortung für dein Inneres trägt – sie ist es, die überprüft, ob du das, was du nähren willst, auch wirklich nährst. Und – das ist genauso wichtig – alles andere eben nicht!

Was will die Pechmarie? Sie möchte den schnellen Gewinn, ohne den Preis dafür zahlen zu müssen. Wenn wir das Gold einmal symbolisch für Heilung gelten lassen, was immer auch Heilung für jede Frau bedeuten mag, dann möchte sie diese Heilung erhalten, ohne sich selbst zu verändern. Sie stürzt sich, um das Gold zu erhalten, durch den Brunnen in die sogenannte Untere Welt des Schamanischen, die Welt, in der die Gesetze der Erde, des Lebens (und auch des Todes)

und der Fruchtbarkeit herrschen und erkundet werden können. Sie landet dort, sagt aber Nein zu den Bedürfnissen ihrer inneren Landschaft. Diese innere Landschaft symbolisiert die Lebensgesetze an sich: der Apfelbaum, der im Schamanischen für Fruchtbarkeit und Liebe steht, der Ofen, der das Feuer der Transformation trägt, das Brot als Sinnbild für den Reichtum und die Geschenke von Mutter Erde an uns Menschen. In der christlichen Tradition haben Apfel und Brot eine andere Bedeutung, verführte doch Eva Adam mit der Frucht, Brot dagegen steht für den Leib Christi. Nun, die Pechmarie lässt beides liegen, insofern erkenne ich hier keine ausdrückliche christliche Botschaft – wenn du eine darin findest, die dir sinnvoll erscheint, dann nutze sie gerne für dich.

Die Pechmarie erreicht die Obere Welt, Frau Holle. Hier könnte sie lernen, wie man das Leben meistert, von innen heraus, was es zu tun gibt, wie man sein inneres Haus bestellt. Der Schnee, den Frau Holle durch ihr Bettenschütteln erzeugt, steht für den Winter, den Rückzug in sich selbst, die Innenschau. Während der Wintermonate wurden die Priesterinnen ausgebildet, damit sie mit ihrem reichen Wissen im Frühjahr zur Verfügung standen, außerdem ist das Element des Wettermachens eine wesentliche schamanische Tradition. Die Pechmarie könnte also lernen, sich der irdischen und der geistigen Welt mit all ihren Gesetzen hinzugeben, ihnen zu dienen und dadurch zu einem bewussten, schöpferischen Teil des Lebenszyklus zu werden. Frau Holle bietet ihr nicht weniger als eine Einweihung an. Und was macht die Pechmarie? Sie tut so, als würde sie Frau Holle dienen wollen, aber nicht lange. Frau Holle schaut sich das ein paar Tage lang an, sie gibt ihr eine Chance. Schließlich aber schickt sie sie zurück in ihr Leben, pechüberströmt als sichtbaren Ausdruck ihrer Weigerung, sich den Lebensgesetzen hinzugeben und zu lernen.

Was lief schief bei der Pechmarie? Schauen wir uns zunächst ihre Motivation an: Sie sprang in den Brunnen, weil sie der Mutter gefallen und das Gold haben wollte. Das ist vollkommen in Ordnung. »Der Erleuchtung ist es egal, wie du sie erlangst« heißt ein bekannter Buchtitel von Thaddeus Golas, und so ist es auch. Denn auch die Goldmarie hatte keinen besseren Grund: Sie sprang in den Brunnen, weil sie Angst vor der Strafe ihrer Stiefmutter hatte. In beiden Fällen ist es also die nichthütende, eitle und manipulierende Mutter, die die Mädchen dazu bringt, die Innenwelt zu betreten, beide wollen der

Mutter gefallen, beide kämpfen um ihre Liebe. Die eine darum, sie zu bekommen, die andere darum, sie zu behalten. Das macht nichts – so ist es häufig, und das darf auch so sein. Die Mutter hatte vermutlich nie die Gelegenheit, selbst in den Brunnen hinabzusteigen.

Es ist zu einfach zu sagen, dass die Pechmarie eben faul ist. Ich denke, sie erkennt in keiner Weise den Wert des Dienstes, den sie dem Ofen, dem Brot und dem Baum leisten würde, würde sie ihren Bitten entsprechen, weil sie nie gelernt hat, wie erfüllend es ist, ein hilfreicher Teil eines größeren Ganzen zu sein. Man muss die Erfahrung machen, dass die eigenen Handlungen für andere beglückend sind. Wenn ein Kind nicht erlebt, dass sich jemand über das, was es tut, freut, dann hat es selbst keine Freude daran. Es braucht einen Spiegel, jemanden, der ihm sagt, dass das, was es getan hat, gut war. Deshalb fragen Kinder ständig nach Bestätigung: Sie müssen den Wert dessen, was sie nach außen geben, überprüfen und erleben. Selbst zu erkennen, dass eine Handlung hilfreich war, Erfüllung darin zu finden, zu nähren und das zu tun, was das Leben verlangt, will geübt werden. »Selbstwirksamkeit« nennt man das. Albert Bandura, ein Psychologe, der dieses Wort prägte, ist davon überzeugt, dass ein Mensch nur dann eine Handlung beginnt, wenn er sicher ist, dass er diese Handlung auch ausführen kann. Ob das dann stimmt oder nicht, spielt keine Rolle: Der Mensch muss es glauben.

Die Pechmarie hatte sicherlich keine Gelegenheit, ihre Selbstwirksamkeit in Bezug auf Brot und Äpfel auszuprobieren, deshalb waren ihr diese Tätigkeiten völlig fremd. Man könnte so weit gehen zu sagen: Weil sie es nicht konnte, wertete sie aus Scham das Baumschütteln und das Holen des Brotes aus dem Ofen ab. Die Goldmarie dagegen, so unfair sie auch behandelt wurde, hatte gelernt, dass sie in der Lage war zu tun, worum Ofen und Baum sie baten. Sie war ertüchtigt worden, ihr Leben zu meistern. Sie wusste, dass sie mit ihren Handlungen ihr Ziel erreichen würde.

Warum diese Spekulationen? Weil ich dir auf diese Weise einen sehr wichtigen Aspekt aufzeigen kann: den männlichen, das Yang, die Tatkraft.

Die weibliche Kraft ist die Hingabe, das Ja zu dem, was du in dich aufnehmen willst. Bist du in deiner weiblichen Kraft, dann nimmst du das, was du aufnehmen willst, auch wirklich auf. Du gibst dich ihm und dem, was es in dir auslöst, ganz hin. Was heißt das? Du erlaubst dem, was du in dich aufnimmst, dich zu beeinflussen: deine Gefühle, deine Gedanken, dein Handeln.

Wenn ich zum Beispiel ein Buch schreibe, dann erlaube ich dem Thema des Buches und auch dem Akt des Schreibens selbst, mich zu berühren. Ich erlaube, dass ich mir die Zeit zum Schreiben nehmen muss, dass ich Sorge habe, ich könnte es nicht zu Ende schreiben, ich erlaube, dass ich Sorge habe, es könnte sich nicht verkaufen, weil es nicht gut ist oder weil schon so viele über das Thema geschrieben haben. Vor allem erlaube ich, dass ich mich von dem, was ich da schreiben will, verändern lasse.

Immer wenn ich ein Buch schreibe, beginnt das Thema des Buches, in meinem Leben zu wirken, als wolle es noch einmal gespürt werde, damit ich ehrlich und aus der gelebten Erfahrung heraus darüber berichten kann. Ich erlaube dem Buch, mich zu verändern, so, wie ich das einem Kind, mit dem ich schwanger bin, erlauben würde.

Ich erlaube dem Buch, mich in Schwierigkeiten zu bringen, nämlich dann, wenn es mich zum Schreiben drängt, ich aber gerade anderes zu tun habe oder zu viele Menschen in meiner nahen Umgebung sind und ich diese innere Spannung spüre – oder dann, wenn ich schreiben will, mir aber nichts einfällt. Ich erlaube ihm, mich zu beflügeln, und ich will mein Bestes geben, ich nähre es mit allem, was ich habe und bin. Das ist Hingabe.

Doch DASS ich es schreibe, dass die Goldmarie das Brot auch wirklich auch dem Ofen holt, die Äpfel stapelt, die Betten schüttelt, dass also ihre Handlungen dem entsprechen, wozu sie sich bereit erklärt hat, das ist männliche Energie, ist Feuer, ist Tatkraft.
Alles, was du im Außen tust, was sichtbar ist, ist männlich, so einfach ist das. Ein Kind zu gebären: männlich. Dieses Buch zu lesen: männlich. Den Inhalt in dich aufzunehmen und in dir wirken zu lassen: weiblich. Die Übungen zu machen: männlich. Die männlichen, also handelnden Anteile der Goldmarie sind hervorragend auf ihre weiblichen Anteile eingespielt, und sie dienen ihnen. Sie tut das, wovon sie spürt, dass es durch sie getan werden will, sie tut, wozu sie Ja gesagt hat. Und das ist das ganze Geheimnis eines erfüllten Lebens:

Tue alles, was durch dich getan werden will.
Und sonst nichts. Das ist männlich.

So einfach? Ja. Und doch so schwer umzusetzen. Wie oft tust du etwas, obwohl du es nicht willst? Wie oft tust du etwas nicht, obwohl du es seit Monaten oder Jahren in deiner Schale hütest und nährst? Versetze dich für einen Moment in die Lage der Goldmarie. Lege dir etwas zu schreiben parat oder, wenn dir das lieber ist, etwas zum Malen. Und ja, natürlich kannst du auch ein Aufnahmegerät nutzen.

Übung:
Deine innere Goldmarie

Stelle dir vor, du wärst durch den Brunnen in deine innere Landschaft gefallen. Sie ist wunderschön, und du fühlst dich wohl. Nun stelle dir vor, deine Angelegenheiten, die Äpfel des Apfelbaums, den du pflanztest, das Brot, das du selbst vor einiger Zeit in den Ofen schobst, rufen dich.

Schnell – was ruft? Was will erledigt, was will geerntet werden? Schreibe es auf, oder male es, bevor du es wieder vergisst oder dir ausredest. Du musst auch heute nicht handeln. Nimm es aber wahr.

....
....
....
....
....

Und jetzt stelle dir ganz intensiv vor, du wärst die Goldmarie, du könntest tun, was in dir getan werden will. Die Goldmarie weiß, dass sie es kann, und sie ist auch bereit dazu.

Tue nun in deiner Vorstellung das, was ansteht: Ernte die Äpfel, hole das Brot aus dem Ofen. Stärke deine Tatkraft, übe, dem inneren Ruf Handlungen folgen zu lassen. Erst einmal nur in Gedanken. Für das Gehirn ist es kein großer Unterschied, ob du etwas tust oder es dir nur vorstellst. Dass du es in Gedanken tust, ist der erste wichtige Schritt.

Wie geht es dir damit? Schreibe das wieder auf.

....

....

....

....

....

....

Und jetzt, liebe Freundin, rufen wir die Pechmarie. Sie könnte eine wichtige Botschaft für dich haben. Stelle dir noch einmal den Baum und den Ofen vor. Nimm ihre Verweigerung wahr, und jetzt frage sie, was sie braucht, damit sie tun kann, was ansteht. Höre ihr zu, auch wenn du sie vielleicht noch nicht verstehst. Sie hat ihre Gründe.

Schreibe ihre Antwort auf, und frage sie, was du für sie tun kannst. Vielleicht braucht sie ein bisschen Trost? Frage sie auch, was sie denn stattdessen tun möchte. Im Märchen haben wir nur das Nein der Pechmarie gehört. Aber was will sie, wo ist ihr Ja? Es könnte sein, dass sie sehr spannende Pläne hat.

....

....

....

....

....

....

Du kannst diese kleine Übung jeden Morgen als Ritual durchführen, indem du fragst: Welche Äpfel wollen heute im übertragenen Sinne geerntet werden, was ist zu tun? Natürlich ändert sich dadurch nicht gleich dein ganzes Leben. Doch du kannst so zumindest beginnen, deiner inneren Goldmarie ein wenig mehr zu vertrauen und ihr Raum zu geben, oder? Ich bin sehr sicher, sie weiß, was zu tun ist, damit du am Ende mit dem Gold eines erfüllten Lebens überschüttet wirst.

Meine innere Pechmarie ist sehr von ihrer Unfähigkeit überzeugt, sie hat zu lange versucht, ihre Träume zu verwirklichen, und ist zu oft gescheitert. Ich erlaube ihr nicht, die Goldmarie in mir zu stören, ich mache das, was ich in mir spüre. Aber die Pechmarie ist auch da und entmutigt mich manchmal. Dann nehme ich sie in den Arm und sage ihr, dass sie sich auf die Goldmarie verlassen kann. Sie darf sich ausruhen und sich von all den Rückschlägen, die sie einstecken musste, erholen. Und sie darf eigene Pläne haben. Manchmal sieht sie Dinge, die die Goldmarie gar nicht wahrnimmt.

»Pah«, sagst du, »ich habe gar nichts gespürt. Was soll denn das mit der Pechmarie und der Goldmarie? Sagt mir nix.« Kannst du dich darauf einlassen, dass die Goldmarie in dir für den Teil steht, der das, was er in sich spürt, auch tut? Weil er sich selbst vertraut? Während die Pechmarie eben nicht tut, was in dir ruft? Weil sie Sorge hat, nicht gut genug zu sein, beschämt zu werden, zu scheitern? Du kennst das mit Sicherheit. »Ich sollte ...« wäre so ein Satzbeginn, der zur Pechmarie passen würde, gefolgt von tausend sehr stimmigen Ausreden. Die aber am Ende eben doch nur Ausreden sind. Während deine innere Pechmarie sich Ausreden ausdenkt, hätte die Goldmarie schon zehnmal dieses Bettzeug aufgeschüttelt und die Dinge in die Hand genommen ...

Das Problem ist: Goldmarie und Pechmarie agieren aneinander vorbei, sie kennen sich kaum, stehen oft genug sogar in Konkurrenz zueinander. Dabei wäre es so einfach: Sie bräuchten sich nur zu verbünden, einander zuzuhören und gemeinsam zu handeln. Stiegen sie gemeinsam in den Brunnen, wäre alles gut. Dann könnte die Goldmarie die Äpfel sortieren, während die Pechmarie unter dem Baum läge und ihr erzählte, wie wunderschön das Blau des Himmels durch die Äste leuchtet – und jedem wäre gedient.

Natürlich sind die inneren Kräfte vielschichtiger, als dieses Bild hergibt. Nimm es einfach als Veranschaulichung, wie die sich widerstrebenden Anteile in dir Hand in Hand gehen, sich gegenseitig unterstützen und befruchten können.

Die Pechmarie ist trickreich. Sie kann sehr wohl das Haus in Ordnung halten, einkaufen gehen, auch beruflich sehr erfolgreich sein, sich so liebevoll um andere kümmern, dass sie beinahe engelsgleich wirkt, und alles toll im Griff haben – und all das tut sie, um die Goldmarie daran zu hindern, das zu tun, was wirklich ansteht. Warum? Weil sie ihr nicht vertraut.

Ich kenne das sehr gut, zum Beispiel, wenn ich ein Buch schreibe, also quasi immer. Es gibt einen Teil in mir, den inneren Kritiker, der ständig Angst hat, nicht gut genug zu sein, langweilig zu werden, meine Leser nicht zu erreichen und so weiter. Diese Sorge ist ja auch nicht ganz unberechtigt. Allzu schnell kocht man beim Schreiben im eigenen Saft, wiederholt sich und hält das, was man schreibt, für das Nonplusultra, dabei ist es nur eine sehr einseitige Sicht der Dinge, die das eigene Ego streichelt und einen in der Komfortzone hält. Weil mir das sehr bewusst ist, halte ich es für sinnvoll, mich selbst zu hinterfragen – die Pechmarie in mir aber kann noch mehr: Sie hält mich beschäftigt. Ich nehme mir morgens vor, heute zu schreiben, freue

mich darauf, ziehe mich in mich zurück – und ertappe mich dabei, wie ich den Rasen mähe, koche, Smoothies zubereite, meine Tiere versorge, Erledigungen für die Familienmitglieder mache, die aushäusig arbeiten gehen, weil ich ja da bin, Haus, Wäsche und Garten in Ordnung bringe und für drei, vier Freundinnen ein offenes Ohr habe, statt mich hinzusetzen und nicht mehr verfügbar, sondern mit mir und meinen Gedanken bei meinem Buch und damit bei euch, liebe Leserinnen, zu sein.

Es braucht einen inneren bewussten Schritt, nach außen hin nicht verfügbar zu sein, obwohl ich ja hier sichtbar für alle sitze, und mir zu erlauben, mich in mich hineinzuversenken – und einen zweiten Schritt, mir zu glauben und mir die Mühe zu machen, das, was ich in mir spüre und was sich entwickelt, in Worte zu fassen. Es braucht einen weiteren Schritt, um darauf zu vertrauen, dass die Worte das transportieren, was ich vermitteln will, und dann weiß ich immer noch nicht, ob das, was ich sage, überhaupt hilfreich ist.

Das kennst du alles. Wenn nicht beim Schreiben, dann bei allem anderen, was dein Innerstes nach außen bringt. Will das jemand? Ist das nicht albern? Was denken die anderen? Die letzte Frage ist die langweiligste der Welt, wie ich finde, und doch kann es in vielen Ländern schwerwiegende Folgen haben, andere mit der eigenen Sicht der Dinge zu verärgern.

Und all das darf die innere Frau nicht daran hindern, das zu gebären, was sie hütet. Du brauchst Mut, du brauchst Wildheit, du brauchst Leidenschaft, um dein Leben zu leben, um dich selbst zu gebären, dein Frausein wirklich in Taten umzusetzen.

Du brauchst einen starken, furchtlosen inneren Mann, der deiner inneren Frau dient. Eine Goldmarie, die, ohne zu fragen, das tut, was ansteht. Und der es nichts ausmacht, dass andere über sie lachen könnten. Oder die es in Kauf nimmt, weil der Preis, den sie zahlt, wenn sie nicht ihrem inneren Ruf folgt, viel höher wäre, als das alberne Gezeter der Außenstehenden auszuhalten. (Klingt das bewertend? Gut so.)

Wo nehmen wir diesen starken inneren Mann her, der der inneren Frau dient, vor allem dann, wenn du das Männliche für nicht besonders vertrauenswürdig hältst? Wenn dir das Bild der inneren Goldmarie besser gefällt als das eines starken inneren Mannes, dann nimm das. Doch ich halte es für wichtig, wenn du als Frau in der Welt stehen willst, das Männliche in seiner wahren Kraft anzuerkennen und wertzuschätzen. Vor allem dann, wenn du eine liebevolle und kraftvolle Beziehung führen möchtest.

Notizen

Das männliche Feuer hüten

Neulich gab ich ein Seminar für Frauen, ganz klein und intim. Es ging darum, wie man einen Partner findet oder die bestehende Partnerschaft verbessert. Und was soll ich sagen – ich war ganz erschlagen von der Verachtung, die in Bezug auf Männer bei all diesen Frauen zu spüren war. Zu Recht, sicherlich. Aber ein Mann, der auf seinem eigenen Weg der Heilung ist, spürt weibliche Verachtung drei Kilometer gegen den Wind – ist es doch genau das, was er von seiner Mutter immer bekommen hat, wenn er als Kind »zu männnlich«, also zu wild, impulsgesteuert, unachtsam oder unordentlich war. Und ist es doch genau das, wovon er zu genesen versucht. Was glaubst du, wie sehr ein Mann sich selbst verachtet, wenn er seinen Weg der Genesung geht? Wie viel Selbstekel, Scham und Schmerz er durchmachen muss, wenn er sich erlaubt zu spüren, was Männer in der Welt anrichten? Viele Männer, die ihren Weg gehen, schneiden sich erst einmal komplett von ihrer Männlichkeit ab, um sich vom inneren Täter zu befreien, so, wie wir Frauen das in Bezug auf das weibliche Opferdasein auch tun.

Erinnerst du dich an diesen Abschnitt weiter vorne?
»Man muss die Erfahrung machen, dass die eigenen Handlungen für andere beglückend sind. Wenn ein Kind nicht erlebt, dass sich jemand über das, was es tut, freut, dann hat es selbst keine Freude daran. Es braucht einen Spiegel, jemanden, der ihm sagt, dass das, was es getan hat, gut war. Deshalb fragen Kinder ständig nach Bestätigung: Sie müssen den Wert dessen, was sie nach außen geben, überprüfen und erleben. Selbst zu erkennen, dass eine Handlung hilfreich war, Erfüllung darin zu finden, zu nähren und das zu tun, was das Leben verlangt, will geübt werden.«

Handlungen sind männliche Energie. Ein Mann spürt sich über das, was er tut. Wenn er bei der Zeugung seinen Samen nach außen schleudert, dann lässt er ihn los, er hat keine Kontrolle mehr über das, was damit geschieht. Er sieht erst ein paar Monate später, ob das, was er gegeben hat, Früchte trägt, erfolgreich war. Und erst wenn er das Kind leibhaftig auf den Arm nehmen kann, wird es für ihn real. Damit ein Mann sich selbst spürt, muss er tun, was er von innen heraus tun will. Sein Feuer braucht authentischen Ausdruck, und das, was er im Außen schafft, ist der Spiegel für sein Innerstes. Es sieht aus, als frage er wie ein Kind nach Anerkennung, doch er braucht diese Bestätigung, damit er erkennt, ob er erfolgreich war.[*]

Du als Frau brauchst das auch, klar, doch du spürst dich nicht ausdrücklich darüber, dass du im Außen wirksam bist. Du spürst dich über das, was du in dir hütest, womit du dich innerlich beschäftigst. Ist es dein eigener Raum, das, womit du dich beschäftigen willst, bist du bei dir. Ein Mann ist dann bei sich, wenn er tut, was er tun will, eine Frau, wenn sie sich innerlich mit dem befassen kann, womit sie sich befassen will.

Das Feuer eines Mannes zu hüten ist das Gegenteil davon, ihn zu verachten und ihn anzutreiben. Ein Mann braucht eine Herausforderung und gleichzeitig echtes Mitgefühl für das, was er durchmacht. Was er durchmacht, kann man sich als Frau nur schwer vorstellen, zumal Männer nicht gut über das, was sie tief bewegt, reden können.

---

[*] Wie das Innere Kind in Beziehungen wirkt und wie man eine Beziehung aus dem inneren Mann und der inneren Frau, nicht aus den Inneren Kind heraus führt, kannst du hier ausführlich nachlesen: Susanne Hühn: Seh' ich aus wie deine Mutter? Mitgefühl und Heilung für das Innere Kind in Beziehungen, Schirner Verlag 2014.

Warum können sie das nicht? Weil sie Feuerwesen sind, Wesen der Aktivität. Du erkennst den Willen und die Absicht eines Mannes an dem, was er tut, nicht an dem, was er dir verspricht. Und so wirst du, wenn es ihm nicht gut geht, vermutlich früher als er selbst spüren, dass ihn etwas bewegt, es zumindest früher thematisieren.

Du hütest das Feuer des Mannes in deiner Schale. Das heißt, du spürst ihn, gibst ihm in dir Raum und teilst ihm mit, wenn sich das Feuer verändert, wenn es schwächer wird oder flackert. Ein Mann braucht, damit er sein Feuer spürt und anfacht, diese Sätze: »Ich sehe deinen Schmerz, mein Schatz, ich bin bei dir, und du hast mein volles Mitgefühl. Und ich erwarte von dir, dass du in die Welt gehst, die Angelegenheit meisterst und über dich hinauswächst. Dann werde ich über die Maßen stolz auf dich sein.« Echtes Mitgefühl. Ernst gemeinte Herausforderung. Wirklich liebevolles, tief empfundenes positives Feedback.

Kommt dir das komisch vor? Noch einmal: Ein Mann spürt sich über das, was er tut. Er braucht die Bestätigung von außen, dass das, was er mit seinem Feuer, seiner Tatkraft, berührt hat, ein Erfolg ist, sonst spürt er es nicht – und sonst spürt er sich selbst und seine eigene Kraft gar nicht!

»Aber er lobt mich doch auch nie, er verachtet mich sogar, wenn ich etwas tue, was mir selbst guttut!« Erst gestern habe ich das wieder von einer Frau gehört, die von ihrem Mann beschämt wird, weil sie so gerne tanzt. Also lässt sie es. Dazu kann ich nur sagen: Lasse ihn drastisch und deutlich wissen, wie sehr dich das verletzt. Bestehe darauf, dass er dich an dieser Stelle in Ruhe lässt, wenn er sich schon nicht an dir erfreuen kann. Will er das nicht hören, lässt er nicht mit sich reden: Fliehe weit und schnell. Denn er kippt dir Gift in die Schale.

Du kannst nur das Feuer eines Mannes hüten, der deine Schale schätzt und der gehütet werden will, der dir sein Feuer auch gerne gibt. Die meisten Männer haben zu Recht Angst vor Frauen, so, wie die meisten Frauen zu Recht Angst vor Männern haben. Frauen haben auch Angst vor Frauen und Männer Angst vor Männern. Wir sind nun einmal eine sehr blutrünstige und merkwürdige Spezies. Aber nicht nur. Wir sind auch eine zutiefst mitfühlende, liebevolle und lernwillige Spezies, die sich selbst überwinden und den Weg der Evolution gehen will. Wenn du das Feuer hüten willst, musst du deine Angst vor ihm überwinden und dich auf deine eigene Kraft besinnen. Und du musst dich fernhalten von Gewalttätigkeit – die in dir und die in Männern. Hast du berechtigte Angst vor deinem Mann, dann kannst du dich nicht frei entfalten, so einfach ist das. Bleibe bei ihm, wenn du willst. Übernimm aber die Verantwortung für den Preis, den du zahlst. Denn nur dann wirst du eines Tages stark genug sein zu gehen.

Ich erlebe auch Frauen, die Männer verachten, als äußerst gewalttätig. Nicht unbedingt in Bezug auf ihre Taten (wobei auch das nicht selten vorkommt), sondern vor allem in Bezug auf ihre Worte und Blicke. »Wenn Blicke töten könnten« heißt es. Nun, das können sie. Sie töten Liebe, Mitgefühl und Vertrauen.
Spürst du das auch? Schon während ich über Verachtung schreibe, tut mir der Bauch weh, die Schale schmerzt. Das geht dir womöglich ähnlich beim Lesen. Spürst du gerade deshalb, wie unendlich wichtig es ist, dass wir eine ganz neue Haltung einnehmen, auch in Bezug auf Männer?

Es ist wirklich wichtig zu verstehen:

> Es ist nicht die männliche Energie, die dich verletzt.
> Es ist auch nicht die weibliche Energie, die dich verletzt.
> Es ist die Abwesenheit von beiden Energien, die dafür sorgt,
> dass jemand aus dem dunklen, bedürftigen, verletzten
> und gewalttätigen Inneren Kind heraus agiert.

Es ist so leicht zu verachten. Das kann jeder. Gründe dafür gibt es genug. Spöttisch und herablassend zu sein ist nichts Besonderes. Sexy ist es übrigens schon gar nicht. Arrogant zu sein und dich über Männer zu stellen, während du in Wahrheit Angst vor ihnen hast, ist ganz sicher nicht das, was ein genesender Mann sucht und braucht. Ihn »nur« zu verstehen und ihn zu tätscheln hilft ihm auch nicht. Er wird dich zu Recht meiden, du bist Gift für ihn.

Ein Mann braucht eine Frau, die ihn respektiert und ihn genau deshalb herausfordert, die von ihm das fordert, was ihm und seinem Feuer dient: Verantwortung zu übernehmen für alles, was er wirklich will. Zu sich zu stehen, zu tun, was sich von innen heraus gut anfühlt. Der eigenen Wildnatur zu folgen. Ehrlich zu sich selbst zu sein und sich auch im Außen mit dem zu zeigen, was ist, statt auszuweichen. Allerdings geht das nur, wenn ein Mann uns gibt, was wir brauchen: Achtung und Anerkennung. Wenn ein Mann das, was du in deiner Schale spürst, nicht anerkennt, sondern gering schätzt oder nichts davon hören will, eventuell mit dir in Konkurrenz geht, dann kannst du sein Feuer nicht hüten, weil er es dir gar nicht anvertraut. Ihr könnt dennoch eine Beziehung führen, aber sie hat dann eine andere Basis als das Feuer-Schale-Prinzip. Vielleicht seid ihr tolle Eltern oder wundervolle Freunde, habt großartigen Sex miteinander. Das geht alles. Doch die Schale der inneren Frau wird nicht davon berührt.

Merkst du jetzt, wie wichtig, ja, wie lebenswichtig es ist, dass wir Frauen eine liebende, hütende, akzeptierende Schale in uns entwickeln? Dass wir den Raum schaffen, in dem sich auch Männer ganz neu spüren können? Und merkst du auch, dass wir das nur können, wenn wir sehr gut in uns selbst ruhen und uns gut selbst nähren und halten können? Denn solange du aus dem Inneren Kind oder der inneren Mutter heraus agierst, unterstützt du nicht sein männliches Feuer. Du nährst es nicht, sondern erstickst es, indem du ihm alles abnimmst oder ihn dazu bringst, sich um dich und deine Bedürftigkeiten zu kümmern, also seinen inneren Vater aktivierst, nicht den Mann. Hier ist der Unterschied zwischen den verschiedenen inneren Aspekten:*

Die Rolle der Mutter

Deine Aufmerksamkeit ist beim Partner. Du hast deine emotionalen Fühler weit zum anderen hin ausgestreckt, überprüfst ständig, ob es dem Partner gut geht, und mischst dich in seine Angelegenheiten ein – selbst wenn du das gar nicht willst. Du hast eine bestimmte Vorstellung davon, was dein Partner braucht, und machst, je nach Temperament, unterschwellig oder ganz offen Druck, damit der Partner das, was du für gut hältst, auch tut. Du kümmerst dich um seine finanziellen Angelegenheiten, seine Ernährung, sein Wohlergehen. Du gehst übermäßig auf die emotionalen Bedürfnisse des anderen ein, womöglich noch, bevor er dich überhaupt darum gebeten hat. Du sorgst dich, selbst wenn du das nicht willst, du bist nicht bei dir, sondern hast immer einen deiner emotionalen Fühler

---

* aus: Susanne Hühn: Seh' ich aus wie deine Mutter? Mitgefühl und Heilung für das Innere Kind in Beziehungen, Schirner Verlag 2014.

im Energiefeld des anderen, um not-
falls rettend einzuspringen. Du weißt
nicht, was du brauchst, und falls es
dir doch bewusst wird, bist du nicht in
der Lage, es auszusprechen, weil du es
nicht ernst nimmst. Du willst wissen,
wann der Partner wo war und mit wem,
du möchtest über seine Schritte, Gefühle,
Pläne und Gedanken informiert sein, am
liebsten ständig. Du erlaubst nicht, dass
der andere etwas tut, was nicht mit dir ab-

gesprochen ist. Und selbst wenn du das nicht nach außen kom-
munizierst, weil du selbst weißt, dass du ein bisschen zwanghaft
wirkst, so gibt es doch diesen starken inneren Drang, den anderen
ständig unter Kontrolle halten zu wollen. Im harmlosen Fall wirkt
dein Verhalten auf den anderen wie Fürsorge, im schlimmeren Fall
wie Kontrolle. Die Mutterrolle kann so zwingend sein, dass der
Partner keinen Schritt mehr tun kann, ohne Rechenschaft vor dir
ablegen zu müssen. Das Wesentliche ist: Deine Aufmerksamkeit
ist hauptsächlich beim anderen – so, wie das für Eltern, die für ihr
Kind sorgen, auch genau richtig ist. Dein Körper ist angespannt, du
bist in emotionaler Habtachtstellung, ständig in Alarmbereitschaft,
besonders für die emotionalen Bedürfnisse des Partners. Du übernimmst Verantwortung auch für Angelegenheiten, die den Partner,
und nur ihn, betreffen, und fühlst dich tendenziell machtvoll. Der
Gewinn ist: Du machst den anderen von dir abhängig, zwingst ihn
in die Rolle des bedürftigen Kindes, übernimmst die Kontrolle und
bindest ihn dadurch an dich. Du umhüllst den anderen mit deiner
Energie und verhinderst dadurch, verlassen zu werden. Gleichzeitig
hungerst du an seiner Seite, wirfst ihm vor, dass du immer nur für

ihn da bist – doch niemals würdest du ihn aus deiner Fürsorge entlassen, er könnte ja spüren, dass er auch ohne dich gut klarkommt.

Die Rolle des Kindes

Deine Aufmerksamkeit ist beim Partner. Du beziehst alles, was der andere tut oder lässt, auf dich und bist sehr leicht verletzbar. Etwas in dir ist zu berührbar, emotional instabil, du bist leicht aus der Mitte und aus der Fassung zu bringen, spürst dich selbst kaum und wenn, dann eher unbewusst. Du weißt nicht, was du brauchst, und falls es dir doch bewusst wird, bist du nicht in der Lage, es auszusprechen, aus Angst, zurückgewiesen zu werden. Deine Gedanken kreisen darum, was der andere gemeint haben könnte. Deine emotionalen Saugnäpfe sind weit ausgestreckt, und du dockst dich am anderen an. Du brauchst permanente Bestätigung und die Versicherung, dass alles in Ordnung ist. Du versuchst, dem anderen zu gefallen, es ihm recht zu machen. Dafür bist du bereit, eine Menge zu tun. Du fragst um Erlaubnis, überlässt dem Partner die Verantwortung auch für Dinge, die dich selbst betreffen. Du findest nicht den Mut, für dich einzustehen und das zu tun, was sich für dich richtig anfühlt, wenn der Partner nicht damit einverstanden ist. Du brauchst Harmonie und bist bereit, beinahe jeden Preis dafür zu zahlen. Du hast hohe emotionale Anforderungen an den Partner und machst schnell andere für deinen Gefühlszustand verantwortlich. Du gibst die Verantwortung für dich ab, bist Schuld zuweisend und schnell eingeschnappt. Das Innere Kind kann sehr bissig und anklagend werden, du bist in diesem Fall für den anderen wie ein emotionales Tretminenfeld. Du kannst es kaum aushalten, wenn es einmal nicht um dich geht, bist aber nicht in der Lage, klar und deutlich zu sagen, was du brauchst. Du übernimmst nicht die Verantwortung für das, was du brauchst, sondern versuchst unterschwellig oder offen, den anderen für die Erfüllung deiner Bedürfnisse verantwortlich zu machen. Ein Nein des Partners erträgst du kaum, und du fühlst dich sehr bedürftig und abhängig. Deine Fühler scannen ständig den emotionalen Zustand des anderen, aber nicht, um für ihn zu sorgen, sondern um zu spüren, ob er noch bei dir ist. Du hast wenig Selbstachtung, traust dir selbst nichts zu, machst deine Entscheidung vom anderen abhängig. Du befürchtest, allein nicht klarzukommen, und kannst zumindest gefühlt nicht für dich selbst sorgen. Du saugst Energie und versuchst, in den anderen hineinzukriechen. Du führst einen Machtkampf um die Aufmerksamkeit des anderen, und zwar mit allem, was ihn sonst noch beschäftigen könnte. Du bist davon abhängig, dass es ihm gut geht, damit er dir etwas geben kann, und zugleich eifersüchtig auf alles, was ihn außer dir interessiert. Wie absurd das ist, erkennst du sofort, wenn du dir klarmachst, dass ja das, was ihn interessiert, auch das ist, was ihn nährt. Du befürchtest ständig, für dich könnte nicht genug emotionale Nahrung übrig bleiben.

Die Rolle der erwachsenen Frau

Du bist mit deiner Aufmerksamkeit bei dir, und es steht dir frei, den anderen zu fühlen oder nicht. Du hast in jeder Minute die Wahl, Ja oder Nein zu sagen. Du spürst, was du brauchst, und kannst offen dazu stehen. Du akzeptierst und respektierst auch ein Nein des Partners und sorgst gegebenenfalls auf andere Weise gut für deine Erfüllung. Du erkennst die Tendenz, in bestimmten Situationen in eine der beiden oben genannten Rollen zu schlüpfen, und kannst ihr widerstehen – oder es zumindest kommunizieren und die Verantwortung dafür übernehmen. Du bist dir deiner selbst bewusst, und du hast die Möglichkeit, dich selbst an erste Stelle zu setzen, aber auch ganz frei und ohne Gegenleistung für den anderen da zu sein. Ihr erschafft gemeinsam einen größeren Raum, den ihr gemeinsam nährt. Du bist in der Lage, deine Angst, eventuell verlassen zu werden (die ganz natürlich ist, denn wir alle haben die Erfahrung, verlassen zu werden, gemacht, diese Erfahrung ist ja real), klar und deutlich auszusprechen, ohne zu manipulieren oder manipulierbar zu werden. Du bist in der Lage, dem anderen den Trost und die Versicherung deiner Liebe zu geben, die er braucht, und erkennst seine Bedürftigkeit voller Mitgefühl an, ohne sie zu deinen Gunsten zu nutzen oder abzuwehren. Du brauchst den Partner nicht, um deine Rolle zu spielen, sondern du bist bei dir und kannst ihn lassen, wie er ist. Genauso wenig erlaubst du deinem Partner, dich in eine der Rollen zu pressen, selbst wenn er versucht, den Vater oder das Kind zu verkörpern. Du kannst die lichtvollen, lebendigen Aspekte des unschuldigen, treuherzigen Inneren Kindes und des fürsorglichen, schützenden Elternteiles freudig und angemessen ausleben, hängst aber nicht darin fest. Du weißt nicht nur, dass du für dein Wohlergehen selbst verantwortlich bist, sondern du sorgst auch gut für dich. Gerade weil du in der

Lage bist, Verantwortung für dich zu tragen, kannst du sehr innig und voller gesunden Mitgefühls für deinen Partner da sein, denn du bist nicht von seinem guten Gefühl abhängig. An deiner Seite darf es dem anderen auch einmal schlecht gehen, und du bist dennoch offen und präsent für ihn. Deine Energiefühler sind frei, du kannst damit das Energiefeld des anderen spüren, denn du stehst ja in Beziehung zu ihm, aber genauso spürst du dein eigenes. Du nimmst dir die Zeit herauszufinden, was du brauchst, und zeigst dich offen und ohne Scham damit. Selbst wenn du Scham verspürst, zeigst du dich ohne Maske. Du bleibst emotional verfügbar und ehrlich, egal, ob dir dein Partner deinen Wunsch erfüllt oder nicht, und sorgst gegebenenfalls auch gegen den Willen deines Partners gut für dich selbst. Du spürst deine sexuellen Bedürfnisse und kannst sie offen kommunizieren, nutzt deine Sexualität aber weder, um zu manipulieren, noch, um zu erpressen oder gar durch Verweigerung zu strafen. Genauso wenig fällst du selbst auf Manipulation oder Erpressung herein, denn du bist in Kontakt mit deinem inneren Ja und deinem Nein und handelst auch entsprechend.

Woran erkennst du, ob ein Mann dir sein Feuer gibt oder nicht? Das Feuer eines Mannes ist die Tatkraft, mit der er für eure gemeinsamen Projekte und das, was euch (mit Absprache!) als Paar wichtig ist, zur Verfügung steht. Nicht das, was er sagt. Sondern das, was er tut. Je nach Thema und Schale kann es sein, dass er dir das Feuer als Vater sehr wohl gibt, aber nicht als Mann, dass er also mit all seiner Hingabe und Tatkraft für die Kinder und für dich als Mutter da ist, doch die Schale der inneren Frau bleibt leer. Das kann auch andersherum sein. Deine jeweilige innere Schale spürt genau, ob er dir sein Feuer gibt oder nicht. Du weißt, ob du dich gesehen und in dem, was durch euch kommen will, getragen fühlst oder nicht.

Und wenn du es eben nicht weißt? Die folgende Übung kannst du anwenden, um das Feuer deines Partners, aber auch das Feuer deines eigenen inneren Mannes, deine Handlungskraft, zu überprüfen.

Übung:
Das Feuer des (inneren) Mannes erkennen

Nimm deine Schale und eine Stumpenkerze oder einfach ein Teelicht, gerne auch etwas zu schreiben. Zünde die Kerze an. Die Kerze steht stellvertretend für das Feuer des Mannes, den du dir anschauen willst, oder aber für deine eigene männliche Energie, deine Tatkraft. Stelle nun Schale und Kerze in einem Abstand von etwa 50 cm auf den Boden oder auf einen Tisch. Nutzt du den Tisch, dann sorge dafür, dass du sowohl der Schale als auch dem Feuer gegenübersitzen kannst.

Setze dich zuerst so, dass du die Schale vor dir hast und auf das Teelicht schaust. Nimm die Schale auf den Schoß.
Wie geht es dir damit, auf das Feuer dir gegenüber zu schauen? Öffnet sich die Schale, wirst du ein bisschen traurig, entspannst du dich? Kannst du tief atmen, oder wird die Atmung flach? Vertraust du dem Feuer dir gegenüber, oder hast du das Gefühl, es ist sowieso nicht für dich? Kannst du das Feuer in deine Schale einladen, willst du das überhaupt? Wenn ja, dann nimm die Kerze, und stelle sie in deine Schale hinein.
Was passiert in dir, wie fühlt sich das an? Kann die Schale wirklich Ja zu dem Feuer sagen? Möchtest du es am liebsten gleich wieder loswerden? Spürst du, dass das Feuer gerne hier steht, oder kommt der Impuls, es gleich wieder herauszunehmen?

Lasse das einfach alles einmal so stehen, nimm es nur wahr. Schreibe gerne auf, was du wahrgenommen hast. Und noch eins: Glaube dir und deiner Schale!

Stelle die Kerze wieder der Schale gegenüber auf ihre ursprüngliche Position. Dann wechsle den Platz, und setze dich so, dass die Kerze vor dir steht und du auf die Schale schaust.

Was passiert nun? Wie geht es dir damit, dieses Feuer zu spüren? Kannst du es als dein männliches Feuer anerkennen, falls es für dich selbst steht? Ist es dir vertraut? Brennt es gut? Damit meine ich nicht, ob die Kerze flackert, sondern ob du in dir ein stabiles und warmes Gefühl bekommst.

Schaue nun auf die Schale dir gegenüber. Bekommst du den Impuls, die Kerze, dein Feuer, in diese Schale hineinzustellen? Wenn ja, dann mache das. Wie geht es dir damit: Fühlt sich das Feuer geborgen und genährt in der Schale? Wenn nein: Warum nicht, kannst du das fühlen?

Vertraue dir. Das Feuer weiß sehr genau, ob es einer Schale vertrauen kann oder nicht, also ob diese Schale bereit und in der Lage ist, das Feuer auch zu hüten, oder ob sie das Männliche abwertet, weil sie noch verletzt ist. Manche Schalen sind bereit für das Feuer, brauchen es aber für ihre eigene Bedürftigkeit, statt es zu hüten. Das Feuer weiß auch genau, ob es selbst gut brennt oder ob es flackert. Es weiß, ob es bereit ist zu wärmen oder ob es lieber großartige, beeindruckende Feuerwerke abfackelt, die aber nichts hinterlassen außer dunklen Qualm. Und die nur verbergen sollen, dass das Feuer sich selbst nicht traut, dass es nicht genug Nahrung bekommt oder dass es zu oft ausgeblasen wurde.

Wie bekommt das männliche Feuer Nahrung? Indem du Herausforderungen meisterst und wild und frei tust, was du tun willst.

Dein Inneres Kind will schaukeln? Tue das. Damit stärkst du das männliche Feuer der Tatkraft. Es dient in diesem Falle dem

Inneren Kind. Du willst Reiten lernen? Mache das. Du meisterst beim Reiten Herausforderungen durch Handlung und stärkst damit den inneren Mann. Du willst tanzen, schreiben, lachen, singen, einer bestimmten Arbeit nachgehen …? Alles, was du tust, stärkt den inneren Mann, wenn es dich begeistert oder deinen Zielen dient. Du schwächst ihn, indem du deine Handlungen entweder vermeidest oder sie einsetzt, um deine Angst und die Scham unter Kontrolle zu halten, heißt, indem du Dinge tust, die du nicht tun willst.

Wie also geht es deinem Feuer? Nimm es einfach wahr, und schreibe gerne wieder alles auf. Nun hast du einen guten Überblick über die Dynamiken zwischen deinem inneren Weiblichen und deinem inneren Männlichen oder zwischen deinem Partner und dir. Nun kannst du verändern, was durch dich verändert werden kann. Wie, das zeige ich dir gleich.

»Die redet und redet«, sagst du vielleicht. »Spüre dies, spüre das, das ist doch alles Quatsch. Ich brauche etwas Konkretes.«
Verständlich, meine Liebe, bitte sehr: Wenn du wissen willst, ob dein Partner oder dein inneres Männliches bei dir ist, dann schaue ganz einfach auf das, was er tut oder was du tust. Hältst du dich an das, was du dir selbst versprichst, oder tut das dein Partner? Hat er oder dein innerer Mann ständig Ausreden, etwas doch nicht zu tun oder jetzt noch nicht tun zu können?

Es gibt tausend gute Gründe, die alle Unsinn sind, und einen echten triftigen, den dein Partner oder dein innerer Mann sich aber nicht zu sagen traut: Er will nicht.

Warum das so ist, nun, dafür gibt es wieder sehr vielschichtige Gründe, die du herausfinden darfst, wenn es um deinen eigenen inneren Mann geht. Meistens dient er bereits jemandem, wenn er nicht dir dient, nämlich deiner Mutter, deinem Vater oder deiner Schmerzvermeidung. Irgendjemandem dient der innere Mann, das innere Feuer, die Tatkraft, immer! Wie auch die innere Frau immer irgendetwas nährt und hütet – oft genug die Inneren Kinder anderer.

Hier ist deshalb ein ausführliches Ritual, das du für dich, für deine inneren Anteile, oder mit deinem Partner zusammen für eure Beziehung durchführen kannst: das Ritual der heiligen Hochzeit. Warum ist das wichtig? Noch einmal: Deine männliche Energie ist deine Tatkraft. Diese Tatkraft aber kannst du sehr vielschichtig einsetzen, auch missbrauchen. Wenn deine Handlungen deiner Vermeidung dienen, wenn du handelst, um dich selbst eben nicht spüren zu müssen, dann ist dein innerer Mann blockiert. Er ist einfach bereits beschäftigt, ist bei deiner Schmerzvermeidung fest angestellt, fährt dort drei Schichten und hat keine Zeit für das, was du wirklich willst! Das aber ist nicht männlich, sondern du missbrauchst deine männliche Energie, um dich und dein Leben zu kontrollieren. Das alles ist nicht schlimm, aber deshalb eben jetzt diese innere Hochzeit.

Ritual:
Die heilige Hochzeit

Reinigung für die männliche Energie

Für das Männliche in dir (oder als Mann) finde deinen Kraftstab, zum Beispiel einen Ast oder dünnen Baumstamm aus dem Wald oder aus deinem Garten, der größer ist als du selbst. Der Stab symbolisiert das Feuer, denn das Holz bietet ihm die Nahrung – das Symbol des Stabes findest du zum Beispiel auch im Tarot.

Frage den Ast oder Baumstamm, ob er sich dir zur Verfügung stellt, und bitte auch den Baumgeist, dir einen Hinweis zu geben, ob du diesen Baumteil nutzen darfst. Denn selbst wenn der Baum bereits umgestürzt ist, so dient er anderen Lebewesen möglicherweise als Lebensraum und Nahrungsquelle. Schneide dir den Ast oder Baumstamm zurecht, und nimm das Leben, das er zur Verfügung gestellt hat, in dich auf – bedanke dich dafür, dass er dir sein Wachstum und seine Reifung geschenkt hat. Nimm die Kraft an, und versprich dem Baum, dass du sie nutzt, um dein inneres Feuer zu nähren und zu halten.

Damit hast du die Lebenskraft transformiert und dir zu eigen gemacht, du hast »Baummedizin« genommen. Rufe alle inneren Anteile, die zu dir gehören, die du bislang nicht in dir halten konntest, weil der Feuerstab nicht stabil genug oder gar nicht vorhanden war, indem du das Leben darum bittest, dir von nun an alle Kraft zur Verfügung zu stellen, die zu dir gehört.

Wie machst du das? Du schließt die Augen und denkst nachdrücklich oder sprichst laut aus: »Ich rufe alle meine Anteile zu mir zurück, durch Raum und Zeit und durch alle Dimensionen hindurch.« Klingt das komisch? Dann finde eigene Worte, das ist sowieso immer sinnvoll. Du wirst es auf jeden Fall richtig machen, weil du ja die Absicht hast, heil und vollständig zu werden. Letztlich zählt sowieso nur deine Absicht.

Setze dich nun in aller Stille hin, und spüre in dich mit folgenden Fragen: Wie nährst du dein Feuer? Wie kannst du als Mann oder als männlicher Anteil dafür sorgen, nicht die Asche, sondern deine Feuerkraft weiterzugeben – in allem, was du tust? Wie kannst du den Mut finden, dein Feuer wieder zu entfachen, weißt du doch, dass es dich und andere (wieder) verbrennen kann, wenn du es nicht hütest?

Es kann sehr hilfreich sein, folgenden Satz zu nutzen: »Wenn ich Ja sage zu meiner Feuerkraft …«

Was geschieht dann? Was befürchtest du, aber vor allem: Was ist dann anders? Nimm dir Zeit, beginne immer wieder diesen Satz, und schreibe auf oder erlebe, was dadurch in dir geschieht. Nach und nach kommst du in deine Kraft, einfach, indem du Ja dazu sagst. Erinnere dich: Das ist deine natürliche Schöpferkraft, du brauchst sie nicht erst zu entwickeln, sie gehört dir. Du darfst sie wieder an dich nehmen. Sie gehört sowieso zu dir.

Wenn ich Ja sage zu meiner Feuerkraft …

- … dann kribbeln meine Hände.

- … dann atme ich tiefer.

- … dann spüre ich den Boden unter meinen Füßen.

- … dann werde ich wütend.

- … dann bekomme ich Angst, aber ich spüre auch Freude.

Was ist deine Wahrheit, was geschieht? Forsche nicht allzu intensiv nach besonderen Gefühlen, sonst bist du womöglich zu sehr in deiner Kontrolle, sondern lasse geschehen, was geschehen will. ETWAS geschieht immer – und sei es, dass du erstarrst. Lasse dich erleben, was erlebt werden will, wenn du zu deinem Feuer Ja sagst, denn das ist der Weg zu dir selbst zurück. Wenn es dir guttut, einen Zeugen zu haben, dann bitte jemanden, dein Zeuge zu sein – aber nur das. Du brauchst weder Kommentare noch Ratschläge, sondern Raum, dich selbst zu erleben. Auf welche Weise hast du bisher die Asche der Versprechungen verteilt, anstatt dein Feuer zu entfachen und weiterzugeben? Was IST eigentlich die Asche für dich? Was ist die Erinnerung an das Feuer, auf welche Weise erlebst du dich, wenn du eben nicht in deiner Feuerkraft stehst? Halte dich selbst mit diesen Fragen, lasse dich nicht im Stich, sondern bleibe bei dir, und fühle.

Stelle dich dann mit dem Stab vor deine Schale oder, wenn du ein Mann bist und das Ritual für deine Beziehung nutzen möchtest, vor die Frau, mit der du in Liebe lebst, und sage ihr: »Ich bitte dich um Vergebung dafür, dass ich dir mein Feuer nicht gegeben habe, dass ich dir meine Asche weiterreichte oder gar nichts. Ich stehe dir nun ganz und gar mit meinem Feuer zur Verfügung.«

(Wichtig, ihr lieben Männer: Das ist nicht euer ganzes Feuer, sondern nur ein Teil davon, eben jener Teil, der in der Liebesbeziehung gebraucht wird! Wir wollen euch nicht das Feuer rauben, sondern daran teilhaben. Du gibst ein Teil des Feuers weiter, du weißt, Feuer ist unbegrenzt, je mehr Nahrung du ihm gibst, desto mehr steht dir zur Verfügung. Du brauchst dein Feuer für alles, was du tust – wir bitten dich nur um jenen Anteil, der zusammen mit unserer weiblichen Kraft etwas Neues erschaffen kann.)

Reinigung für die weibliche Energie

Den Prozess, die Schale zu finden, kennst du schon, hier noch einmal in Kurzform:
Nimm dir eine Schale, die dir wirklich gefällt, die gut in deinen Händen liegt und die für dich die richtige Größe hat. Es kann sein, dass das Finden dieser Schale bereits eine Suchreise und ein Prozess ist, lasse dir Zeit dafür, sei aber nicht perfektionistisch. Wenn du dir Mühe machen und Energie investieren möchtest, dann flicht einen Korb, forme dir aus Ton eine Schale, baue deinen Hochzeitskorb selbst.

Nimm die Schale in deine Hände, und spüre, wie es sich überhaupt anfühlt, sie zu halten. Vielleicht hältst du zum ersten Mal ein Gefäß für deine weibliche Energie, vielleicht war es vorher zerbrochen oder ist dir abhandengekommen. Lasse dich berühren, und hüte die Schale. Rufe alle inneren Anteile, die du verloren hast, weil deine weibliche Schale nicht vorhanden war, zu dir zurück. Schließe die Augen, und bitte alles, was zu deiner weiblichen Kraft gehört, zu dir, bitte deine Kraft, in dich einzufließen, und versprich dir, von nun an dafür zu sorgen, dass deine weibliche Kraft rein, klar und machtvoll bleibt.

Schaue nach innen, wie sieht diese Schale aus? Es kann sein, dass sie verschmutzt ist, dass Steine in ihr liegen oder dass sie voller Asche ist. Dann führe ein Reinigungsritual durch:

Fülle die Schale tatsächlich mit Steinen oder mit Asche. Nun stelle dich in deiner Vorstellung mit der verschmutzen Schale vor das Männliche, und tue, was du willst. Vielleicht willst du ihm die Steine und die Asche einfach vor die Füße kippen. Sage ihm: »Ich erlaube nie wieder, dass du meine Schale verschmutzt, ich stehe nicht mehr zur Verfügung. Ich bitte dich um dein reines Feuer.«

Reinige die Schale bewusst und rituell, nimm die Steine und die Asche heraus, reinige die Schale still mit Wasser, und poliere sie. Lasse das Licht der Sonne oder des Mondes in sie einfallen, schmücke sie mit Blumen, oder tue, was dir guttut und dich nährt. Diese Schale hält deine weibliche Energie, sie ist das Gefäß, in dem du deine weibliche Kraft bündelst und sammelst. Fehlt sie, verpufft deine Energie immer wieder, deine und auch die des Mannes, der dir sein Feuer schenkt.

Hast du das Gefühl, es könnte stimmig sein, dann stelle dich mit gereinigter und geschmückter Schale vor das Männliche, und sage ihm Folgendes: »Ich bitte dich um Vergebung dafür, dass ich dir meine Schale nicht zur Verfügung gestellt und dein Feuer nicht genährt und gehütet habe – ich wusste nicht, dass ich überhaupt eine Schale habe. Jetzt stelle ich sie dir sehr gerne und mit Liebe zu Verfügung.«

Du spürst, während du sie hältst, dass du von nun an nicht mehr erlauben wirst, dass sie verschmutzt oder missachtet wird, richtig? Nimm die Schale in beide Hände, und spüre, was das für dich bedeutet, welche Energien sich nun in dir zeigen wollen.

Nutze folgenden Satz: »Wenn ich Ja zu meiner Schoßkraft sage …«

Was geschieht dann? Dann spürst du womöglich die Sehnsucht nach Leben, nach einem Kind, nach Fülle und Lebendigkeit …

Vielleicht spürst du auch Angst vor deiner weiblichen Energie, vor all dem, was in dir womöglich verletzt worden ist – in dir und im Kollektiv der Frauen.

Vielleicht erkennst du, dass die Schale in dir zerbrochen war, vielleicht fehlte sie ganz, vielleicht war sie randvoll mit der Asche der Männer, die nicht in ihrer Kraft standen und die du dennoch in dir aufgenommen hast.

Sicher beginnst du, die Trauer darüber zu spüren, wie viel deiner Weiblichkeit verloren gegangen war. Lasse dich von dir selbst berühren, und bitte einen Zeugen hinzu, wenn es dir guttut. Es kann wirklich äußerst heilsam sein, einen Zeugen zu haben, der hinschaut, deinen Schmerz anerkennt und dich voller Mitgefühl damit sein lässt.

Lasse dich tiefer sinken mit dem, was in dich einfließen möchte, wenn du deine Schale wieder zu deiner Verfügung hast, nimm dir Zeit, sie in dich aufzunehmen.

Vergebung der männlichen und weiblichen Verletzungen

Wenn ihr beide eure Schale bzw. euren Stab angenommen habt, dann setzt euch einander gegenüber, und schaut euch an. Schaut euch im Vollbesitz eurer männlichen und weiblichen Energie an. Wer nun beginnen möchte, beginnt. Führst du das Ritual mit dir und für dich selbst durch, dann setze dich in der jeweiligen Rolle vor einen Spiegel.

Das Ritual des Mannes:

Verneige dich vor dem Weiblichen, und sprich für dich und stellvertretend für die männliche Energie Folgendes:

»Ich bitte dich, das Weibliche, um Vergebung für all den Missbrauch, den dir das Männliche zugefügt hat. Ich bitte dich um Vergebung für all das Unbewusste, dafür, dass ich dich nicht geschützt und mit meinem Feuer genährt, sondern missachtet und vernichtet habe. Ich bitte dich um Vergebung für jeden Missbrauch und jede Missachtung deiner einzigartigen weiblichen Kraft. Ich sehe deinen Schmerz, ich achte deinen Weg, und ich verneige mich zutiefst vor deiner Energie. Und ich bitte dich um Vergebung dafür, dass ich dir nicht das Feuer, sondern eine Illusion weitergereicht habe – eine Vorstellung von Feuer, eine Spiegelung. Ich bitte dich um Vergebung dafür, dass ich dich nicht geschützt, sondern verletzt habe. Ich habe mich selbst damit noch mehr verletzt als dich, und ich nehme die Verantwortung dafür auf mich. Ich bitte dich, stelle mir deine geheilte weibliche Kraft zur Verfügung, damit ich mein Feuer in deine Schale geben kann – damit neues Leben entsteht. Ich liebe dich.«

Sprich das aus (natürlich kannst du auch eigene Worte finden), verneige dich, und schaue, was es in dir berührt. Falls es in dir Widerspruch gibt, Rechtfertigungen, dann schaue noch einmal genauer hin. Du verneigst dich für das Kollektiv vor dem Kollektiv, es geht nicht nur um dich selbst. Probiere es aus, lasse dich selbst davon berühren, und spüre auch die Verantwortung, die das Männliche trägt. Gibt es zwischen euch beiden ein persönliches, schmerzliches und wichtiges Thema, für das du um Vergebung bitten möchtest, dann nutze jetzt den Raum.

Vielleicht möchtest du fragen, ob ein bestimmter Schmerz gesehen werden will – egal, ob du selbst verantwortlich bist oder nicht, nutze die Möglichkeit, das Weibliche um Vergebung für das zu bitten, was das Männliche ihm zugefügt hat. Nehmt euch Zeit, wirklich zu fühlen, was geschieht, und euch berühren zu lassen.

Das Ritual der Frau:

Stellt euch einander gegenüber, der Mann nimmt den Stab, die Frau hält ihre Schale – schaut euch an. Nun verneige dich vor dem Männlichen, und sage ihm:

»Ich bitte dich um Vergebung dafür, dass ich dich abgewertet habe, dass ich dein Feuer nicht annehme und hüte. Ich bitte dich um Vergebung dafür, dass ich dir nicht erlaube, in deiner eigenen Kraft zu stehen, sondern dass ich dich manipulieren möchte. Ich bitte dich um Vergebung, dass ich dich benutze, um mich selbst zu spüren, statt dein Feuer anzunehmen, um das Leben zu nähren. Ich bitte dich um Vergebung dafür, dass Mütter ihre Kinder schon im Mutterleib kastrieren und dem Männlichen keinen Raum geben, sich zu entfalten. Ich bitte dich um Vergebung dafür, dass ich dich nicht genährt habe, dass du in meinen Armen verhungert bist und dein Feuer erlosch. Ich bitte dich besonders um Vergebung dafür, dass ich selbst dafür gesorgt habe, dass dein Feuer erloschen ist, ich habe es ausgetreten, weil ich es nicht nehmen wollte. Ich habe mich selbst damit noch mehr verletzt als dich, und ich bitte dich, nimm meine Schale an, und gib mir dein Feuer, damit ich es hüten und im Dienst am Leben nähren kann. Ich verneige mich vor deinem männlichen Weg voller Hochachtung und Respekt. Ich liebe dich.«

Selbstverständlich seid ihr frei, eure eigenen Worte zu finden. Gibt es etwas, für was du dir Vergebung vom Männlichen wünschst? Dann sprich es aus, und bitte das Männliche um Vergebung. Frage den Mann, ob es einen Schmerz gibt, der noch nicht gesehen wurde, und verneige dich vor ihm und seinem Schmerz, egal, ob du dafür verantwortlich bist oder nicht. Nutze den Raum, um ihn ganz persönlich um Vergebung für das zu bitten, was du ihm womöglich angetan hast. Wenn ihr bereit seid, dann verneigt euch voreinander, und sprecht nacheinander den Satz:

»Ich vergebe dir allen Schmerz, den ich durch dich erlebt habe, und ich bin bereit, von nun an gemeinsam mit dir Leben und Liebe zu erschaffen und zu ermöglichen.«

Nimm nun als Mann ein Teelicht oder eine standfeste Kerze, verneige dich vor dem Weiblichen, und biete der Frau die Kerze an. Halte als Frau deine Schale in den Händen, stelle sie dem Mann zur Verfügung (du behältst sie aber fest bei dir!), lasse ihn die Kerze, das Feuer, hineinstellen. Halte die Schale, in der nun die Kerze brennt. Lasst euch beide davon berühren.

Sage als Frau zu ihm: »Ich hüte dein Feuer mit Liebe, damit neues Leben entstehen kann.«

Als Mann spürst du jetzt vielleicht dein Bedürfnis, sie zu schützen – denn genau hier wird deine Schutzkraft gebraucht, genau hier dient sie dem Leben, und hier liegt vielleicht deine tiefste Sehnsucht. Sage ihr als Mann: »Ich schütze dich, damit du das Feuer halten und nähren kannst. Ich ziehe meinen Schutzkreis um dich und um alles, was durch uns ins Leben gerufen wird und kommen will.« Öffne schützend die Hände, und spüre, wie sich das anfühlt, ob es dir Kraft gibt oder nicht. Du schützt das Weibliche, damit sie das Feuer hüten und nähren kann, verstehst du?

So schützt und hütet ihr euch gegenseitig, im Dienst am Leben. Ihr hütet eure gemeinsame Schöpferkraft.

Findet einen Platz und erschafft euch einen Altar – stellt die Schale mit der darin brennenden Kerze auf, und achtet darauf, dass dieser Ort rein und voller Kraft bleibt. Ihr habt einen physischen Kraftplatz erschaffen, ein Symbol für eure gemeinsame Schöpferenergie. Ganz deutlich spürt ihr nun auch, ob das Feuer und die Schale überhaupt zusammenpassen und ob ihr euch eure Energie tatsächlich zur Verfügung stellen wollt.

Führe das Ritual für dich allein durch, wenn du ausprobieren willst, ob ein bestimmter Partner energetisch zu dir gehört. Vielleicht irrst du dich, dann kannst du aber leicht loslassen – denn dann war eure gemeinsame Schöpferkraft eine Illusion … Schaue als Mann auch, ob dein Feuer vielleicht noch in einer anderen Schale brennt, dann hole es zu dir zurück – das kann durchaus erneuten Abschiedsschmerz hervorrufen. Erkenne als Frau, ob deine Schale frei ist oder ob du noch das Feuer einer vergangenen Liebe hütest – vielleicht hütest du nur noch den Traum vom Feuer, die Asche … aber deine weibliche Schale, dein Hochzeitskorb, ist keine Urne!

Und hier noch einmal ohne Reinigung in Kurzform:
Als Frau sagst du: »Ich stelle dir voller Freude meine Schale (oder meinen Hochzeitskorb) zur Verfügung, und ich bitte dich um dein Feuer. Ich verspreche dir, es zu hüten und zu nähren, es zu halten und Leben zu ermöglichen.«

Als Mann sagst du: »Ich bitte dich voller Hochachtung darum, mir deine Schale, deinen Hochzeitskorb, zur Verfügung zu stellen, und ich schenke dir gerne mein Feuer. Ich verspreche, dir mein Feuer weiterzugeben, nicht die Asche, die nur eine kalte Erinnerung an das Feuer ist.«

Wenn du deine Tatkraft noch weiter stärken willst, dann hilft dir das hier:

Männer leben in einer ständigen Herausforderung, entweder mit anderen Männern oder mit sich selbst. Das gehört zum Mannsein dazu und ist sehr erschöpfend, aber auch beflügelnd. Männer schüren ihr Feuer durch die Herausforderung. So stelle dich, um deinen inneren Mann zu stärken, manchmal bewusst einer Herausforderung, wachse über dich hinaus, bewege dich aus der Komfortzone. Lerne etwas, was dir Respekt einflößt, behaupte und beweise dich in einer Situation, in der du dich normalerweise im Hintergrund hältst. Das ist nicht deine weibliche Natur. Aber dein innerer Mann braucht die Kampfansage gegen sich selbst und die eigene Trägheit.

Was heißt das für dich selbst? Wenn du spürst, etwas Wesentliches in dir ruft nach Handlung, und sei es auch nur ein bisschen, dann mache das. Lenke dich nicht weiter mit Ersatzhandlungen ab. Lasse den Staubsauger liegen und auch das Telefon. Nimm dir Zeit und Raum. Nimm das, was in deiner Schale wächst, ernst, komme in die Handlung.

Kennst du dieses Phänomen? Du hast den ganzen Tag Zeit, etwas zu tun, doch du kommst nicht in die Gänge. Ein paar Minuten, bevor du einen Termin hast, kommt plötzlich Energie, Tatkraft, und du machst alles auf einmal. Das ist das männliche Feuer in dir, es springt durch den Termin, den du hast, an, und auf einmal willst du alles erledigen. Dieses Gefühl kann man trainieren, indem man auch kleinen Handlungsimpulsen Raum gibt – und dem inneren Antreiber Einhalt gebietet, der dich ständig ablenken und auf Trab halten will.

Wenn du von einem Mann gehört werden willst, fordere ihn heraus, und sage ihm deutlich, was du von ihm willst. Zum Beispiel: »Höre mir bitte zu«, oder: »Bringst du bitte den Müll runter?« Sätze, die mit »Man könnte mal …« oder »Ich würde mich freuen, wenn …« beginnen, hört ein Mann auch genau so: Man könnte mal, und du würdest dich freuen. Willst du etwas von ihm, sage es ihm, das ist nur fair. Erwartete nicht, dass er zwischen den Zeilen liest, er ist nicht deine Freundin. Gehe auch mit deinem inneren Mann so um, sage ihm deutlich, was du willst, zum Beispiel: »Ich setze mich jetzt hin und schreibe drei Seiten. In der Zeit gehe ich nicht ans Telefon und lasse mich auch sonst nicht ablenken.« Das ist ein klarer Plan, der deiner inneren Tatkraft eine deutliche Handlungsanweisung gibt.

Männer reden oft viel, auch dein innerer. Sie versprechen dir das Blaue vom Himmel und haben jede Menge durchaus sehr ernst gemeinter Pläne. Doch ein Mann spürt sich nicht über das, was er plant, sondern über das, was er tatsächlich in die Tat umsetzt. Nur das gibt ihm wirklich Kraft. Wenn du sein Feuer hüten willst, dann erinnere ihn genau daran. Sage ihm: »Schatz, ich höre dich, doch ich weiß auch, dass du dich erst dann gut fühlst, wenn du das, was du planst, auch tust.« Manchmal vergessen Männer das selbst. Halte ihm den Rücken frei, damit er seine Pläne umsetzen kann. Wenn du ihn zu sehr verplanst, dann hat er keine Zeit für das, was sein Feuer stärkt, und das wäre wirklich schade – besonders für dich. Geht es um deinen inneren Mann, so halte es genauso: Wenn du deine Zeit mit tausend Aktivitäten verplanst, die oft genug anderen dienen, nicht dir, dann fehlt dem inneren Mann der Raum, sich selbst zu spüren und dir Kraft zu geben.

Am Ende, ob dir das gefällt oder nicht, muss ich dir und mir selbst leider sagen: Wir sind selbst dafür verantwortlich, welchen inneren Stimmen und Antreibern wir in uns Handlungsfreiheit geben und welchen nicht. Es ist nur klug, für diejenigen inneren Anteile das Ruder in die Hand zu nehmen und zu agieren, die das wollen, was du selbst wirklich willst.

• •

Notizen

Vom Umgang mit der Schale

Wir haben viel über die symbolischen Schalen geredet und über Räume. Wie erschafft man sich als Frau diese Räume, wie hütet man sie für sich selbst und andere und vor allem: Wie schließt man sie wieder?

Ein kleines Ritual habe ich dir schon gegeben: Wenn du einen Raum öffnen willst, dann suche dir eine Schale dafür. Wenn du ihn schließen willst, lege in Gedanken einen Deckel darauf. Das klingt

sehr einfach, und das ist es auch. In diesen inneren Bereichen wirken Symbole beinah magisch.

Was bedeutet das noch einmal? Wenn du etwas in deinem Leben verändern willst, schaffe einen Lebensraum dafür. Denn das ist unsere weibliche Erfüllung: Lebensräume schaffen für das, was wir gebären wollen. Sei es dein eigener Erfolg als Unternehmerin oder einen Lebensraum für eine seltene Orchidee, sei es der Lebensraum für deine Familie oder für deine Forschungsarbeit. Du weißt natürlich vorher nicht, welche Anforderungen das, was du neu in dein Leben einladen möchtest, stellt, doch du weißt sicherlich ziemlich gut, was wenig hilfreich ist.

Mit dem nachfolgenden Ritual kannst du überprüfen, welche Lebensräume, welche Schalen, sich in dir gut anfühlen und lebendig sind, was nicht mehr passt, was Kraft und Aufmerksamkeit braucht und was neu entstehen will. Halten wir es ganz einfach.

Ritual:
Altes loslassen, Raum für Neues schaffen

Es ist wirklich ganz einfach: Du brauchst dazu eine Auswahl an Schalen. Du kannst Salat- oder Suppenschüsseln nehmen, deine Blumen- oder Kochtöpfe nutzen oder es richtig feierlich gestalten und große Muscheln nehmen, wenn du welche hast. Wie viele? Erlaube den Schalen selbst, dich zu leiten, und stelle so viele zusammen, bis du das Gefühl hast, es ist genug. Nimm aber nicht zu viele, mehr als fünf pro Ritual würde ich nicht anschauen. Wiederhole das Ritual lieber mit den weiteren Themen, damit es nicht unübersichtlich wird. Hast du nur eine Schale, so ist das genauso richtig. Vertraue dir, dein Schoßraum kennt sich selbst und will mit dir kommunizieren.

Jetzt brauchst du Teller oder Deckel, die einigermaßen auf die Schalen passen. Du kannst auch Tücher nutzen, wenn dir das lieber ist. Lege noch ein paar Zettel bereit, so viele, wie du Schalen hast, und einen Stift. Gerne auch dein Tagebuch – ach ja, und ein Feuerzeug oder Zündhölzer.

Sorge für eine halbe Stunde Ungestörtheit, damit du dich konzentrieren kannst.

Lege einen Zettel in eine der Schalen, und stelle die Schale zur Seite, du brauchst sie eventuell später.

Nimm nun einen der Zettel, und schreibe ganz spontan auf, welche Schale sich zuerst zeigt. Wie macht man das? Nun, welches Thema will angeschaut werden, was kommt dir in den Sinn? Dein Muttersein? Deine Beziehung? Sexualität? Berufung? Frausein ganz allgemein? Freundinsein? Fürsorge für andere tragen? (Das könnte die Mutterschale sein, doch es kann sich auch wie eine Krankenschwesterschale anfühlen. Im Zweifel nimm zwei Zettel und damit auch zwei Schalen, damit sich nichts vermischt.) Schreibe also auf je einen Zettel ein Thema, und dann suche dir jeweils eine Schale dafür aus. Wenn sie alle gleich aussehen, dann nimm einfach irgendeine – oder du wirst wirklich zu deiner Schale geführt.

Willst du erst alle Themen aufschreiben, weil es gerade fließt, dann machst du natürlich das. Ein Ritual ist nicht starr, mache es so, wie es sein will. Willst du zuerst eine Schale aussuchen, sticht dir eine ins Auge, und dir fällt dann spontan ihre Kraft ein, ist das genauso gut.

Lege den Zettel in die dazugehörige Schale. Spürst du, wie sich Energie aufbaut? (Nein? Nicht schlimm, liebe Freundin. Mache einfach weiter.) Mache das mit allen Schalen, die sich heute zeigen und die heute wichtig sind. Ordne die Schalen dann zu einem Kreis an. Die unbenannte Schale nimmst du noch nicht dazu.

Lege jetzt deine Hände nacheinander auf jede dieser Schalen, und nimm wahr, ob Energie fließt. Und dann überprüfe bei jeder Schale, ob sie sich, zumindest zeitweise, einen Deckel wünscht oder nicht. Lege Deckel auf die Schalen, die sich verschließen möchten, oder breite die Tücher darüber aus.
Was verändert sich? Lasse dir ein bisschen Zeit, damit sich der Raum in dir neu entwickeln kann.

Schreibe auf, wie sich das anfühlt, im Kreise deiner Schalen zu sein, sie zu öffnen oder zu verschließen, gerade so, wie du es willst.

....

....

....

....

....

Gehe noch einen Schritt weiter. Wenn es eine Schale gibt, die du gar nicht mehr haben willst, dann nimm sie einfach aus dem Kreis heraus. Da darf ruhig für einen Moment lang eine Lücke entstehen. Was meine ich damit? Du versorgst schon so lange alle möglichen Menschen, bist die barmherzige Samariterin. Du arbeitest in einem Beruf, den du wirklich nicht mehr leiden kannst. Aber auch: Du hütest Armut, du hütest Krankheit, ein Haus, einen Ort (zum Beispiel ein ererbtes Grundstück, das dir nur Ärger bereitet). Du hütest eine bestimmte Beziehung, eine bestimmte Lebensweise, obwohl sie dir nicht mehr entspricht.

Schaue dir die entsprechende Schale an. Ich hoffe, du hast sie bereits mit einem Deckel verschlossen. Nimm sie, hole den Zettel heraus, verbrenne ihn jetzt oder später, und stelle die Schale weg.

Und jetzt? Was sollst du jetzt machen, wie die Veränderung, das Nein in deinem Leben, umsetzen? Noch gar nicht. Erlaube dir erst einmal nur, diese Schale aus dem Raum, den du hütest, zu entfernen. Deine Absicht setzt tief greifende Impulse, die im Außen zu wirken beginnen. Sei dir da ganz sicher.

Soweit zum Loslassen – erschaffen wir neue Räume.

Hast du Träume? Geheime Wünsche, die du dich nicht zu äußern traust? Ideen, die dir größenwahnsinnig, nicht machbar oder beängstigend erscheinen, obwohl du diese Aufregung, dieses Kribbeln erlebst, wenn du an sie denkst?

Nimm die letzte, noch namenlose Schale. Halte sie in den Händen. Lasse jetzt in Gedanken deinen Wunsch, die Vision, die du vielleicht noch nicht einmal in Worte fassen kannst, in die Schale fließen, wie ein Licht, eine Farbe oder einfach wie ein Strömen. Du musst nicht wissen, woher diese Energie kommt: vielleicht aus dem Herzen, vielleicht aus dem ganzen Körper, vielleicht aus dem lichtvollen Raum der Seele über dir, vielleicht aus der Erde.

Selbstverständlich kannst du deine neue, noch unbenannte Schale für einen Seelenauftrag, für einen Dienst am Licht, an Gott, an der Erde zur Verfügung stellen. Doch auch ganz konkrete, geheime, verwegene Wünsche passen hier hinein. Oft genug sind Seelenaufträge und kühne Wünsche sowieso das Gleiche.

Nimm wahr, wie die Schale diese Kraft und diese Informationen in sich aufnimmt, wie sie sich selbst dadurch verändert. Sei ganz ehrlich: Nimmt sie sie auf? Oder stößt die Schale diese Informationen ab? Sie ist unbestechlich, das weißt du.

Manipuliere bitte nichts. Manchmal ist die Zeit einfach noch nicht reif. Oder der Wunsch verdeckt nur einen anderen, der dir in Wahrheit viel mehr entspricht. Manche Wünsche dienen gar der Schmerzvermeidung des Inneren Kindes. Dann darf der Wunsch selbst noch ein wenig reifen, bis du wirklich weißt, was du willst.

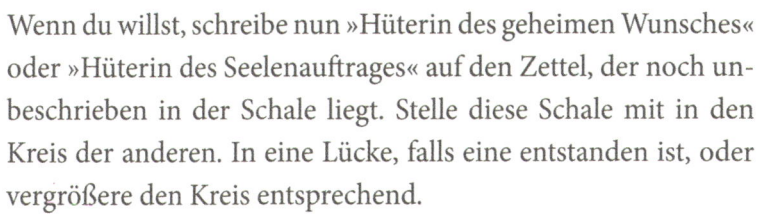

Wenn du willst, schreibe nun »Hüterin des geheimen Wunsches« oder »Hüterin des Seelenauftrages« auf den Zettel, der noch unbeschrieben in der Schale liegt. Stelle diese Schale mit in den Kreis der anderen. In eine Lücke, falls eine entstanden ist, oder vergrößere den Kreis entsprechend.

Verweile noch ein wenig bei deinen Schalen. Achte auf Gedanken, Impulse, und schreibe sie auf.

Beende das Ritual, indem du alle Schalen wieder in den Schrank räumst. Lege die Zettel in die Schale, die wirklich für deinen Schoßraum steht und die du bestimmt unterdessen für dich gefunden hast. Hier werden all deine Lebensbereiche mit Erdkraft und mit Liebe versorgt.

Notizen

Ich achte den Raum, den du hütest

Vor einiger Zeit nahm ich an einem Frauenkreis teil. Wir tanzten, und auf einmal sagte die Leiterin: »Jetzt verneigt euch bitte nacheinander vor den anderen Frauen im Raum, und sagt euch gegenseitig den Satz: ›Ich achte den Raum, den du hütest!‹«

Puh, hat mich das zerrissen. Ich habe selten so geweint, hatte doch eine Frau den Raum, den ich hütete, in dem Falle das Feuer meines damaligen Partners, gerade ein paar Wochen vorher in keiner Weise geachtet. Ich habe vorher noch nie davon gehört, dass eine Frau den

Raum einer anderen achten wollte, schon gar nicht freiwillig. Ich kannte nur sorgsam verschleierten Konkurrenzkampf.

Dabei ist es ganz einfach. Frauen sind Raumwesen. Dein Schoßraum umfängt alles, was du versorgst, worum du dich kümmerst, wofür du verantwortlich bist und was du nährst. Und das, was du nährst, geht eine andere Frau nichts an, außer ihr teilt euch den Raum ganz bewusst und versorgt ihn gemeinsam. Wie du deinen Raum hütest, das ist deine Sache und darf nicht zur Debatte stehen, solange du die sich im Raum befindlichen Menschen und Tiere verantwortungs-bewusst und zum Wohle aller versorgst.

Was meine ich damit? Als erwachsene, gereifte Frau, die in voller Verantwortung für alles, worum sie sich kümmert, steht, hast du ein Recht darauf, dass sich andere bei dir nicht einmischen, dich nicht hinterfragen und auch nicht an dir herumkritteln. Wie du dich an-ziehst, wie und was du kochst, wie deine Fußböden aussehen, wie du deine Work-Life-Balance gestaltest, welche Entscheidungen du für deine Kinder und Tiere triffst, aufgrund welcher Absprachen deine Beziehungen und Freundschaften funktionieren, all das geht niemanden etwas an. Und in all das hat niemand einzugreifen.

Das Gleiche gilt für dich. Respektierst und achtest du den Raum, den eine andere hütet, so machst du dich weder an ihren Mann heran, noch rümpfst du die Nase darüber, dass sie ihre Familie anders be-kocht als du, dass sie lieber meditiert als Kuchen backt oder eben andersherum.

Ich kann gar nicht klar genug sagen: Der Raum einer anderen Frau ist für dich tabu, so, wie deiner für eine andere Frau tabu ist. Das gilt übrigens auch für deine Innenräume. Wenn du in einer Schale sorgfältig darauf achtest, dass du dich gesund und ohne Zucker er-

nährst, weil du deine Gesundheit und dein Wohlbefinden im Blick hast, so darf eine andere innere Schale dir da nicht reinreden. Isst du dagegen Zucker, weil du spürst, dass du es gut verträgst oder weil du eventuellen Schaden in Kauf nimmst, so gilt das Gleiche! Es geht nur darum, dass du ganz bewusst und selbstverantwortlich entscheidest. Warum bestehe ich so vehement darauf? Weil ich Frauen häufig als dermaßen bewertend und kritisch erlebe, dass ich mich wirklich frage, woher das wohl kommen mag. Gleichzeitig erlebe ich Frauen als im höchsten Maße unsicher in Bezug auf die Frage, ob sie wirklich das Recht haben, die Dinge auf ihre eigene Weise zu tun. Da ist so eine Trotzhaltung nach dem Motto: »Doch, ich MACHE das jetzt aber so, sollen die anderen denken, was sie wollen!« Das brauchen wir nicht mehr. Versprechen wir uns gegenseitig, dass wir einfach NICHTS über das denken, was eine andere Frau für sich ent-

scheidet, weil es uns nichts angeht. Damit verschaffen wir uns allen einen sicheren Raum, in dem jede Frau ihren Schoßraum wirksam werden lassen darf, ohne den anderer Frauen infrage zu stellen. Ich bin davon überzeugt, dass das dem Wohle aller dient und dass es für uns alle gut und sinnvoll ist.

Hole dir nichts aus einem Raum, der einer anderen gehört. Und erlaube nicht, dass eine andere Frau sich in etwas einmischt, was dein eigenes Anliegen ist. Das klingt sehr theoretisch, aber ich meine es ganz und gar konkret. Befriedige nicht dein Geltungsbedürfnis oder deinen eigenen Mangel durch die Fülle, die eine andere Frau geschaffen hat, außer du bist ausdrücklich eingeladen. Schmücke dich nicht mit ihren Federn. Frage sie lieber, wie sie diese Fülle geschaffen hat.

Wie empfindsam eine Schale sein kann, habe ich gerade wieder erlebt:

Meine Freundin hat vor wenigen Tagen geheiratet und einige Freunde in ihr noch nicht fertiges Heim eingeladen, mich auch. Sie und ihr Mann sind erst vor ein paar Wochen eingezogen, lange bevor es wirklich bezugsfertig war, weil sie ihr bisheriges Haus verlassen mussten. Es fehlen zum Teil sogar Innenwände. Sie haben es sehr kreativ eingerichtet und die Provisorien wunderbar kaschiert, doch es ist sichtbar nicht fertig. Nun, jeder fand sehr wohlmeinende Worte: über das Haus, erst recht aber über ihren Mut, es jetzt bereits zu beziehen. Alles klang sehr nett, und es war auch so gemeint. Doch als ich heute mit ihr telefonierte, sagte sie, sie sei ganz seltsam verletzlich. Wir fanden gemeinsam heraus: Sie hat Menschen in ihren Schoßraum, ihr Haus, eingeladen und sich damit sehr verletzlich gemacht, weil es noch nicht dem entspricht, was sie nach außen hin gerne zeigen möchte. Das Haus ist noch zu instabil, um sichtbar zu werden, wie ein Schmetterling, der noch im Kokon steckt. Es war, als hätte sie uns ihr ungeborenes Kind gezeigt. Jede Bemerkung darüber, egal, wie liebevoll und wertschätzend sie auch war, verletzte den ungestörten Raum, den sie mit ihrem Haus gebraucht hätte. Als sie das verstanden hatte, konnte sie ihre Verletzlichkeit einordnen und die Anerkennung der Freunde wahrnehmen. Dass es zu früh gewesen war, ihr Haus zu zeigen, hatte sie nicht wissen können, wir auch nicht. Manches zeigt sich eben erst, wenn es geschieht.

Was wir aber dadurch gelernt haben, ist, wie verletzlich der Schoßraum ist. Wenn schon Worte nachdrücklich stören können, wie können dann erst Taten das tun! Hätte eine von uns ungefragt aufgeräumt oder gar Vorschläge zur Renovierung gemacht, hätten wir sie ernsthaft verletzt – ohne es zu wollen und auch ohne dass sie und wir verstanden hätten, warum.

Und so ist es eben. Die Empfindsamkeit kann man nicht infrage stellen, man kann nur damit umgehen. Und erkennen, welche inneren Räume Schutz brauchen und welche du mit anderen teilen kannst.

Meine Mutter hat erlebt, dass ihre Schwiegermutter aus zweiter Ehe ihr ständig in den Umgang mit ihrem Kind, meiner Halbschwester, hineinredete, wenn sie zu Besuch war. Das ging so weit, dass sie ihr geradezu verbot, beim Spazierengehen etwas zu trinken für die Kleine mitzunehmen, das hatte es zu ihrer Zeit auch nicht gegeben, meinte sie.

Das war ein klarer Übergriff in den Schoßraum meiner Mutter und auch in das hütende Feuer des Vaters, ihres Sohnes. Beide waren so geschockt und selbst so sehr im Inneren Kind verfangen, dass sie sich nicht wehren konnten – aber so zahlte das Kind den Preis. Die Großmutter nahm sich den Raum, der Mutter und Kind gehörte, meine Mutter erlaubte es, und der Vater schützte ihn nicht. Deshalb brauchst du ein hohes Maß an Eigenständigkeit und Eigenverantwortung, an Reife. Du musst einfach erwachsen sein, denn dein Inneres Kind kann dein Frausein nicht leben. Auch die romantische Märchenprinzessin, die noch immer glaubt, sie sei so besonders und zerbrechlich, dass sie irgendwann ganz sicher vom Prinzen erkannt und gerettet wird, kann diese Aufgabe nicht übernehmen. Die Märchenprinzessin darf erkannt und auch gerettet werden, ja, aber vom eigenen inneren Prinzen, vom inneren Mann. Sie ist nicht diejenige, mit der du dein Leben als Frau gestalten und meistern kannst, schon gar nicht kann (oder will!) sie das Feuer des Mannes hüten.

Was aber, wenn du Räume teilen musst, obwohl es dich in der Seele schmerzt?

Du hast ein Kind, der Vater trennt sich von dir, und du kannst seine neue Frau nicht leiden? Sie ist aber nun einmal da, wenn du das Kleine dem Vater bringst … Du willst die Freunde deines Partners nicht in deiner Küche haben, doch die Küche gehört nun einmal auch ihm … Im Büro sitzt dir eine Kollegin gegenüber, die ständig telefoniert und deinen Raum stört … Du bist Mutter, und die lieben Kleinen, so gerne du sie in deiner Mutterschale hütest, stören ständig jene Schale, in der du am liebsten einmal wieder dich selbst hüten möchtest oder das Feuer deines Mannes hautnah erleben willst …

So ist das eben. Die Schalen sind die Schalen. Zu erkunden und zu entwickeln, wie du mit ihnen umgehst, wie du ihnen in deinem Leben Platz gibst, das ist der weibliche Weg. So entstehen die großen Tugenden Bewusstsein, Achtsamkeit, Mitgefühl.

Ich kann dir aber versprechen: Wenn du die Schalen fragst, dann geben sie dir eine äußerst klare, dem Leben dienende und friedliche Antwort. Sie zeigen dir die Lösungen auf – und oft genug heißt die Lösung: Gib dem Ganzen Raum, lasse dem Prozess die Zeit, die er braucht.

Wenn du in Schwierigkeiten kommst, weil die Räume miteinander kollidieren, innen und außen, dann atme erst einmal tief durch. Erkenne, wo du dich abgrenzen musst. Erkenne auch, ob es nicht andere Lösungen geben könnte, deinen Raum zu hüten. Es gibt viele Möglichkeiten, dafür zu sorgen, dass du dich auf deine Weise um deine Angelegenheiten kümmern kannst.

Und manchmal hilft es, sich zurückzulehnen und sich gänzlich unaufgeregt darauf zu verlassen, dass sich die weiblichen Schalen untereinander kennen. Sie alle dienen dem Leben. Schenke der Weiblichkeit dein Vertrauen, und bitte sie zu wirken, als wäre sie eine höhere Macht, die das Leben auf der Erde regelt, wenn wir sie nur lassen. Denn selbstverständlich ist sie genau das.

Ich hoffe von ganzem Herzen, ich konnte dich berühren und dich an dein Frausein erinnern. Ich ziehe mich nun aus dem Raum, den wir zusammen gestaltet haben, zurück und danke dir ganz innig dafür, dass wir ihn gemeinsam erschaffen konnten.

Ich achte in Liebe den Raum, den du hütest.
Deine Susanne

Notizen

Über die Autorin

Susanne Hühn ist ausgebildete Lebensberaterin, ganzheitliche Physiotherapeutin und erfolgreiche Autorin spiritueller Selbsthilfebücher. Seit 1986 begleitet sie Menschen auf deren Weg zur Gesundung. Ihre mittlerweile in großer Zahl veröffentlichten Sachbücher und CDs gehören zu den Bestsellern des Schirner Verlags. Ihr Wissen vermittelt sie zudem in Vorträgen und Seminaren im In- und Ausland sowie in zahlreichen Online-Seminaren.

www.susannehuehn.de

Damit die Liebe erwachsen werden kann

Susanne Hühn
Seh' ich aus wie deine Mutter?
Mitgefühl und Heilung für das innere Kind in Beziehungen

256 Seiten
ISBN: 978-3-8434-1130-1

Lebt man das innere Kind in einer Beziehung aus, dann aktiviert man im anderen den Elternanteil. Schlüpft man in die Rolle der Mutter oder des Vaters, so weckt man das innere Kind des anderen. Eine Liebesbeziehung wird aber von Mann und Frau geführt – weder vom inneren Kind noch von der inneren Mutter oder vom inneren Vater. Aber was bedeutet es überhaupt, Frau bzw. Mann zu sein? Wie unterscheidet man zwischen den inneren Anteilen? Gewohnt kompetent und klar beantwortet Susanne Hühn diese und viele andere Fragen. Sie führt den Leser auf eine heilige Reise der Liebe – eine Reise in eine heilsame und erwachsene Beziehung.

Frei und ungezähmt
mit dem Leben tanzen

Susanne Hühn
Wilde Frau sein
*Bauch und Herz in Einklang brin-
gen – Ein Ratgeber für alle, die
(noch) nicht »Nein« sagen können*

280 Seiten
ISBN: 978-3-8434-3032-6

Die »wilde Frau« ist die personalisierte innere Stimme, unsere Intuition, die sich, falls wir das zulassen, wehrt, wenn uns etwas gegen den Strich geht, wenn wir »Ja« sagen, obwohl wir eigentlich
»NEIN!« schreien sollten. Mit Meditationen, Visualisierungsübun-
gen und zahlreichen Märchen veranschaulicht Susanne Hühn, wie
man dieser ursprünglichen, intuitiven Weiblichkeit Raum und Ge-
hör verschaffen kann.

Bildnachweis

Danke für deine REZENSION
– Gemeinsam sind wir mehr –

Liebe Leserin, lieber Leser,

von Herzen danken wir dir, dass du dieses Buch in den Händen hältst und es bis zum Ende gelesen hast. Das bedeutet uns, dem Schirner Verlag und seinen Autoren, sehr viel. Aus voller Überzeugung und mit Hingabe widmen wir uns seit vielen Jahren Themen, die unser aller Lebensqualität und Bewusstwerdung dienlich sind, und hoffen, einen Beitrag für eine lichtvollere Welt leisten zu können. Wenn dir unsere Arbeit gefällt, möchten wir dich bitten, dir einige Minuten Zeit zu nehmen, um dieses Buch zu rezensieren. Warum? Die meisten Menschen lesen Rezensionen, bevor sie ein Buch kaufen, da sie hierdurch einen Eindruck bekommen, ob und wie der Inhalt des Buches den Leser erreicht hat. Eine kurze Rezension ist dabei ebenso hilfreich wie eine lange, sehr ausführliche. Um es auf den Punkt zu bringen:

Eine Rezension ist heutzutage die beste Werbung für ein Autorenwerk!

Wenn du den Schirner Verlag und seine Autoren neben dem Buchkauf auch anderweitig unterstützen willst, dann bitten wir dich: Schreibe für jedes Werk eine Rezension – am besten auf der Seite, wo du es gekauft hast und zusätzlich beim Schirner Verlag und bei Amazon. Das wäre nicht nur eine Wertschätzung für die Autoren, sondern kann dazu beitragen, dass die Verkaufszahlen steigen und der Schirner Verlag auch in herausfordernden Zeiten Bestand hat.

WIE SCHREIBT MAN EINE REZENSION?

Grundsätzlich sollte eine Rezension aus der eigenen, subjektiven Sicht geschrieben werden, da es sich um eine persönliche Meinung handelt. Du kannst in zwei Sätzen deine Gedanken zu dem Buch äußern oder eine längere Rezension verfassen. Falls du nicht weißt, wie du beginnen sollst, hier ein paar Anregungen:

- War das Buch leicht verständlich geschrieben? Wie hat dir die Sprache gefallen? Wie empfandest du die Aufteilung der verschiedenen Themen?
- War es unterhaltsam? War es deiner Meinung nach mit Herzblut und Liebe geschrieben? Wie hat es auf dich gewirkt?
- Hat es dein Herz berührt? Konntest du dich wiederfinden?
- War es tief greifend genug? Hast du viel Neues gelernt?
- Hat es gehalten, was der Titel und die Buchbeschreibung versprochen haben? Hat es deine Erwartungen erfüllt?
- Was macht das Buch besonders? Warum sticht es heraus im Vergleich zu anderen Büchern, die ein ähnliches Thema behandeln?
- Würdest du das Buch weiterempfehlen oder verschenken?